60歳から会社に残れる人、残ってほしい人

酒巻 久

GENTOSHA

はじめに

私がキヤノンを経てキヤノン電子の社長に就任したのは1999年のことです。以来、20年近くにわたって社長として経営に携わっていますが、私自身、既に70代ということもあり、「定年後の生き方」などについて聞かれる機会が増えてきました。

かつて定年は「現役からの引退」を意味していました。しかし、今日では定年後も会社に残って働き続ける人も、定年後に新たな職場で活躍する人も増えています。もちろん定年を機に仕事以外の趣味やボランティアなどに生きがいを見出《みいだ》す人もいます。どんな生き方をするかは人それぞれですが、もしあなたが定年後も「働く」という選択肢を考えているとすれば、今から心がけておくべきことが一つあります。それは「いつでも全力投球を心がける」ということです。

「定年を迎えても会社に残れるのはどんな人ですか?」と聞かれることがよくあ

りますが、私は「結果にこだわらず、常に全力投球する人」こそ「会社に残ってほしい人」だと考えています。

私が社長を務めるキヤノン電子でも、みんなが「会社に残ってほしい」と考えるのは学歴や役職に関係なく、仕事に全力投球をしてきた人たちです。「あの人がいなければ困る」「あの人がいてくれたからこそ今がある」とみんなが思う人こそが「会社に残ってほしい人」なのです。

そう考えるのには理由があります。1967年にキヤノンに入社して以来、私はVTRの基礎研究や複写機の開発、ワープロの開発などさまざまな仕事を経験してきました。中でも忘れられないのは、アップルを追われたスティーブ・ジョブズ氏が創業したネクストで一緒になってまったく新しいコンピュータの開発に取り組んだことです。私にとっては「評価は高いものの時代が早過ぎて売れなかった」NAVIに次ぐコンピュータ開発でした。ジョブズ氏とともに作り上げたNeXT cubeも、業界からは熱狂を持って迎えられたものの商業的には成功せず、キヤノンにとっても大変な損失となりました。

並の企業ならここで私のキャリアはジ・エンドとなってもおかしくはありませんでした。しかし、新しい技術への挑戦が人を育て、技術を育てることになると知るキヤノンの経営陣は、巨額の損失以上に挑戦を評価してくれたのでしょう、その後も私にさまざまな挑戦の機会を与えてくれました。

結果にこだわることなく、常に全力投球をしていれば、必ずよき仲間が周りに集まり、評価してくれる人が現れ、そして結果も伴うようになってきます。そんな私の経験からいえるのは、大切なのは「今、この時、この場所」で全力投球をするということです。

私自身、今も宇宙ビジネスという夢を追いかけ、日々勉強、日々全力投球を心がけています。人はいくつになっても大好きなことには夢中になれるものです。こんな私の生き方、考え方が少しでも読者のみなさまの参考になれば幸いです。

酒巻　久

60歳から会社に残れる人、残ってほしい人　目次

第二章
「裾野を広げ、知識を役立つものにする」

第三章

「人生を豊かにする読書術」

第四章 「これからの人生に自分の居場所をつくる」

装幀　多田和博
装画　金子真理
DTP　美創
編集協力　桑原晃弥
編集　ヴュー企画

第一章

現役でも退職後でも「必要な人」でいるには

「残りたい」ではなく、「残ってほしい人」になる

採用、再雇用の基準は同じ

「入りたい人」ではなく、「採りたい人」を採る、というのは採用の原則の一つです。

人気企業であれば、「どうしてもこの会社に入りたい」と応募してくる学生がたくさんいます。

もちろん「入りたい」という気持ちは必要なのですが、「有名企業だし、待遇もよさそうだから」といった安易な理由で入社を希望するのは困りものです。だからこそ、こうしたミーハー的な学生よりも、企業側から見て、「どうしてもこの人を採りたい」という人を採用することが何より大切なのだ、という考え方で

す。

「入りたい」と「採りたい」の違いを見極めることが採用における大事な原則であるように、たとえば定年を迎えた人を再雇用するかどうかという時、「残りたい人」よりも「残ってほしい人」を選ぶことがやはり大切になってきます。

定年を迎えても働く人は増えていますし、当たり前になってきている時代だけに、自分が長年働いてきた企業に「残りたい」という人は少なくありません。しかし、企業経営の視点から見ると、「残りたい人＝残ってもらいたい人」とは限らないのが難しいところです。

学歴や肩書きよりも「人間力」がものをいう

では、企業にとって「残ってもらいたい人」というのはどういう人を指すのでしょうか。高学歴の人や、役職者であれば無条件に「残ってもらいたい」のかというと、そうではありません。

キヤノングループでは、学歴と出世は一切関係がありません。

キヤノンの場合、子会社の社長の選定にあたっても、学歴は何の基準にもなりません。大学を出ていない、高校卒の社長もいます。

輝かしい学歴などなくても、ちゃんと出世できるのがキヤノンの特徴なのです。世の中には「学歴＝存在価値」と勘違いしている人もいますが、いくら学歴があっても、仕事に活用できる知識がなければ、何の意味もありません。大切なのはしっかりと成果を挙げられるかどうかであり、そこに学歴の有無が入り込む余地などないのです。

経営学者のピーター・ドラッカーがこんなことをいっています。

「歴史の本には、学校の成績は優秀だったが、人生では何もできなかった人たちのことは出てこない」

学校の成績が悪くてもいいというわけではありませんが、ただよければいいというものでもありません。学歴や学校の成績と、社会での成果は別物であり、企業は前者よりも後者を高く評価するというだけのことです。

世の中には二つのタイプがいます。

一つは知識や技術を用いて、優れたものづくりに挑戦するタイプ。

そしてもう一つは豊富な知識を使って、ものごとがうまく進まない理由を上手に解説するタイプ。

どんなに優れた知識を持っていても、後者になり、何でもケチをつけるような「口先評論家」であれば、会社全体の足を引っ張るだけです。

こうした人たちはどんなに学歴がよくて、運よく出世をしたとしても、会社としては決して「残ってほしい人」にはなり得ません。

キヤノン電子に中学卒で入社し、定年を迎えた人がいましたが、その人を知る誰もが「やめてほしくない」「是非とも残ってほしい」と口々に話すほどの人でした。もちろん入社して以来、とてもよい仕事をしてきたからこその評価なのですが、同時にその人には「人間力」が備わっていました。

現場での日々の仕事を通じて培ってきた、人の心をつかむ人柄や、しっかりとした経験に裏打ちされた人間力のほうが、華々しい学歴や職歴に優ると、その人への周囲の評価を見て改めて実感したものです。

ビジネスパーソンの中には高学歴で、それなりの出世をしたことで、「自分は定年後もこの会社に残るのが当然だ」と高をくっている人もいるかもしれませんが、忘れてはならないのはそんなあなたを周りの人たちが心の底から「どうしても残ってほしい」と思っているかどうかなのです。

ビジネスパーソンであれば成果を挙げるために全力を尽くすのは当然のことですが、一方で「人間力」を鍛えることも決して忘れてはなりません。厳しいビジネスの世界で最後にものをいうのは人間力です。

定年後も今の会社に残りたいと考えるのなら、「残りたい人」ではなく、みんなが「残ってほしい」と願う人になることが何より大切です。

若い頃と同じことを続けられるか

努力を続けることも才能の一つ

定年を迎えても企業から「残ってほしい人」になるために大切なことの一つが「勉強し続ける」ことです。どれほど立派な大学を卒業した優秀な人も、勉強をしないとダメになってしまいます。私はこれまでも「企業に入ったら必死で勉強をしろ」と言い続けてきましたが、残念ながら今は勉強する人がそれほど多くはありません。

たしかに優秀な人であれば最初の5~10年くらいは何とか成果を出すことができるかもしれませんが、しっかりとした勉強をしないままに才能だけで続けていると、30歳を過ぎたあたりで限界が見えてきます。

企業というのはそれほど甘いものではありませんから、どんなに才能があり、どんなに優秀な大学を出たとしても、その後の勉強次第で大きく差がつくことになるのです。

スポーツの世界に「努力する才能」という言い方があります。野球やサッカーのプロ選手、あるいはオリンピックでメダルを取るような選手には当然優れた才能があるわけですが、才能だけでは限界があるというのもまた事実です。

ある選手が「才能なんて、その後の生き方次第で変わってしまう」といっていました。その選手によると、プロに必要なものの半分は才能なのですが、才能に加えて、厳しいトレーニングや規則正しい生活を送ることができるかどうか、努力し続けることができるかどうかで並の選手で終わるか、スーパースターになることができるかが決まるというのです。

野球などのプロのスカウトから見れば、「素質の有無」はすぐに分かりますが、「努力する才能の有無」を見極めることは簡単ではありません。しかし、実際には「努力する才能」を持っているかどうかこそが、アスリートとしての成功を大きく左右します。

２０１４年にロシアで開かれたソチオリンピックのスキージャンプで41歳の葛西紀明選手が銀メダルという快挙を成し遂げましたが、そこに至るまでに葛西選手がどれほどの「努力」をしてきたかを考えると、私たち中高年企業戦士もうかうかしていられないという気持ちになってきます。

葛西選手ほどの年齢になれば当然、若い頃のような体力はないわけですが、それを「努力する才能」や「工夫する才能」「豊かな経験」によって補ってきたからこそ、若い選手に伍《ご》して素晴らしい成果を挙げることができるのです。

低下したことを自覚し、プラスアルファで補う

では、私たち企業戦士はどうかというと、ある調査によると、一般的に人間は35歳ぐらいから、いわゆる技術力（専門能力）は落ちてくるといわれています。

私の経験からも、20歳代のピークを100とすれば、40歳ぐらいで50ぐらいまで落ちると感じています。もちろん人によってバラつきはあるわけですが、厄介なのはいくつになっても自分は若い頃と同じ100の技術力を持っていると思い込んでいる人がいることです。

葛西選手に限らず、アスリートでいくつになっても活躍し続ける人は決して「若い頃の力のまま」とは信じていないはずです。若い頃に比べて体力などが落ちているということをしっかりと自覚したうえで、では落ちたものをどう補うか、あるいは身につけた経験値などでその上を行くにはどうすればいいかを懸命に考え、工夫し、努力し続けるからこそいくつになっても成果を挙げることができるのです。

私たちにも同じことがいえます。若い頃に比べて技術力が落ちていくとすれば、高い専門性を維持するためには若い頃の何倍もの勉強が必要になりますし、それでも低下する技術力を補う何かを磨くことが大切なのです。

では、何で飛躍するかというと、たとえば「人を巻き込む力」をつけるのです。新規事業などを成功させるためには、自ら目標を掲げ、上司を巻き込み、部下を巻き込むことで初めてうまくいきますし、成果を挙げることで企業から高い評価を得ることもできます。

年をとることで技術力が100から50へと落ちていくとしたら、勉強をすることで50を60に、60を70にと引き上げる努力を重ね、かつ周りを巻き込んでものごとを前に進める人間力などを養えば、若い頃の力を100とすると、もしかしたら110とか、120の力さえ発揮できるかもしれません。

人はいくつになっても努力することでさまざまな力を伸ばしたり、磨くことができます。そういう人は企業にとって「残ってほしい人」となりますし、定年になって企業を離れたとしても、社会にとって「必要とされる人」であり続けることができるのです。

いざという時に役立つ存在になる

社員を不幸にしてはならない

「働き方改革」が話題になり、過度な長時間残業は改めなければならないという議論が行われています。自分の意思で「働く」のならともかく、会社の指示で無茶苦茶に「働かされる」という状態は明らかに間違っており、こうした無謀な働き方は会社としてすぐに改めなければなりません。

一方で、私自身は部署や部門、組織のリーダーなど、人の上に立つ人間には「自己犠牲の精神」が欠かせないと考えています。

部下の仕事と生活を守るためには、自分を犠牲にして会社のことを優先させることが求められます。私は毎朝6時30分には出社し、夜8時頃に退社しています。

オン・オフなどはなく、24時間、会社のこと、仕事のことを考えています。

こうした習慣はキヤノン時代も同様で、自分の仕事だけでなく、部下のフォローもできるように準備をしていたため、部下の3、4倍は働いていました。そのためスタッフ会議の最中にもかかわらず、睡魔に襲われて寝てしまったこともあるほどです。当時のキヤノンの社長だった山路《やまじ》敬三《けいぞう》さんが話している最中でも寝るものですから、周りはハラハラしたようですが、山路さんに怒られたことは一度もありません。「あいつはあれだけ働いているんだからいいじゃないか」と思ってくれていたようです。

今どきは流行《はや》らない「モーレツ社員」の典型ですが、人の上に立つ以上は、部下の何倍も働く覚悟が必要です。

その覚悟もなく、「人の上に立ちたいから」「威張りたいから」「給料が上がるから」「世間体がいいから」という理由で管理職や経営者を目指すとしたら心得違いもはなはだしいといわざるを得ません。

経営者を目指すなら、会社のため、部下のために自分の生活を犠牲にして働き、かつ自分を特別視せず、部下と同じサラリーマンであるという目線も決して忘れてはならないのです。

キヤノン時代からこうした気持ちでやってきましたが、キヤノン電子の社長になってもう一つ心がけているのが「間違っても社員を不幸にするようなことがあってはならない」という覚悟です。

社員を不当に働かせたり、放漫経営によって会社を傾かせたりすることのないように、社員を人間として尊重し、顧客を大切にした経営を行えば、自ずと会社はうまくいくし、社員が不幸になることもないと考えています。

リーダーの覚悟を教えてくれた1冊の本

こうした「社員を大切にしなければならない」というリーダーとしての覚悟を私に改めて教えてくれた本の一つに『佐久間艇長の遺書』(編/TBSブリタニ

カ編集部、阪急コミュニケーションズ）があります。

佐久間艇長といっても、今は知る人も少ないと思いますが、大正から昭和の初めにかけてはよく知られた名前でした。

明治43年4月、瀬戸内海で潜水艇の潜航訓練が行われた際、佐久間艇長以下14名が乗り込む第6号潜水艇に故障によって海水が入り込み、乗組員たちの懸命の努力にもかかわらず、潜水艇は海底に沈降、浮上することなく全員が亡くなるという不幸な事故が起きました。

では、なぜこの不幸な事故が多くの人に知られるようになったのかというと、佐久間艇長の残した手帳に書かれた遺書の内容に多くの人が心を打たれたからです。文豪・夏目漱石は遺書を見て、『文芸とヒロイック』という一編を書き、歌人の与謝野晶子も10首あまりの短歌を詠み、艇長を追悼しています。

佐久間艇長の遺書は潜水艇が沈み、息が苦しくなる中で必死の思いで書かれたものです。そこには「陛下の艇」を沈めることへのお詫《わ》びや沈没の原因、沈没時の状況などが乱れた字ながら、しっかりと書かれ、乗組員たち全員が必死の努力をしたことも書かれています。

中でも心を打つのは「わが部下の遺族をして、窮するものなからしめ給わらんことを、わが念頭に懸かるものこれあるのみ」という一文です。自分が息を引き取ろうという間際においてさえ、部下のこと、部下の家族のことまで気遣うことのできる佐久間艇長にまさにリーダーのあるべき姿を見て感動したことを覚えています。

リーダーの中には、問題が起きた際に、「俺は知らないからな。お前の責任で解決しろ」と部下を見捨て、保身に走る人がいますが、こうしたリーダーは人として最低としかいいようがありません。

リーダーは「いざという時」のために存在するのです。そんなリーダーとしてのあるべき姿を、私はこの1冊の本を読むことで再確認することができました。

ステップを踏んで、事前準備をする

具体的な目標を決めて仕事を進める

ピーター・ドラッカーは「人材の最大の浪費は、昇進人事の失敗である」という言葉を残しています。

素晴らしい成果を挙げ、昇進し、新しい仕事を任された「有能な人」が、なぜか昇進後に「凡人」となってしまい、「あの課長も営業マン時代はすごく有能だったんだよな」といわれることがあります。あるいは、昇進のプレッシャーからなのか、心の病にかかる人がいて、本人も部下も不幸になることもあります。

こうした不幸や悲劇を避けるためには、事前の準備が大事になります。

キヤノンに入社した当時、周りには優秀な人ばかりで「これは参ったな」と気後れしていた私に、直属の上司がこんなアドバイスをくれました。

「お前はそう優秀じゃないんだから、近くにいる、一番出来のいい人間をまず目標にして、それに勝てるようにしろ。それに勝ったら、次は課長を目標にしろ。課長に勝ったら、次は部長を目標にしろ。

そうやって部長を超えるくらいの実力をつければ、いいたいこともいえるし、意見だって通るようになる。まずは課長と対等に議論ができるようになることだ。そうすれば、誰と議論しても何とか勝負になる。年齢は関係ない」

私は早速この言葉に従い、目標となる人物を決めて、その人に追いつき追い越すための努力をするようになりました。具体的には、「自分があの人の立場だったらどうするだろう」と常に考えるようにしたのです。

私はもともと体育会系の人間なので、高校時代はスケートや野球に夢中で、ライバルのよいところを真似《まね》して取り入れることは当たり前のようにやっていました。その要領で、自分より優れた先輩や上司をベンチマークして、優れた点を学び、「自分があの人の立場なら」と考えながら仕事を進めることにしたのです。

そのためによくやったのが報告書を使った練習です。

たとえば、3、4年先輩が上司から報告書の提出を求められていたら、自分もその先輩の立場に立って書いてみました。それをあとで先輩の報告書と読み比べてみると、自分には何が足りないのかがよく分かりました。

経験も情報量も違うわけですから、最初は当然、先輩にかなうわけはありません。しかし、それでも追いつき追い越せとがんばっていると、どんどん自分も鍛えられ、やがて同じレベルで書けるようになり、ついには「超えた」と感じられるようになったのです。

先輩と比べて、かなりの確率で自分が「勝てた」と感じるようになったら、ベンチマークの相手を次に変えるのです。そうやって最初は先輩からスタートして、主任、課長、部長とベンチマークの相手を変えるにつれて、私にアドバイスをしてくれた上司がいうように、課長ともある程度しっかりと議論ができるようになっていきました。

準備がその後の成果を左右する

こうして常に「自分より上の人」を目標に自分を鍛えた結果、視野が広がり、知識や経験も深くなりました。同時に管理職の仕事も理解できるようになり、上司が今何を考えているかもよく分かるようになりました。

たとえば、「今度は課長がそろそろこれを指示しそうだな」ということが先回りして読めるようになると、先行して準備をし、いざ指示が出ると、すぐに対応できます。その結果、通常なら1週間はかかる仕事も2、3日でできるようになり、上司からは「ずいぶん速いな」と喜ばれ、信頼されるようになったのです。

上司の立場でものを考えることを習慣化していたお陰で、私自身が昇進した時もあまり困ることはありませんでした。早い時期から、「もし自分が主任なら」とか「課長なら」と考えていたため、実際に主任や課長になっても慌てることとなく対応できましたので、ドラッカーのいう「凡人化」は避けることができたと思います。

有能なビジネスパーソンが管理職になって「ただの人」になってしまうのはやはり事前準備の不足であり、絶えず自分を磨き続ける努力を怠ってきたことが原因です。私は、どんなことでも事前準備こそが大切だと考えています。出張でも「向こうへ行ってから調べる」ようではダメで、事前のしっかりとした調査があるからこそ効果的な出張が可能になるのです。

何ごとも事前準備がその後の成果を左右するというのに、ビジネスパーソンすべてに訪れる「定年後」の事前準備はどれだけの人がしているのでしょうか。「定年後」というと特別な時期のように見えますが、実際には「今の延長」であり、「今この時」から事前準備をしておかないと、準備のない管理職のようにただただ戸惑うことになります。仕事をする時でも定年後の生活でも、しっかりとした事前準備を進め、絶えず自分を磨き続けることで初めて楽しめるのです。

経験を積めば積むほど「勉強する人」であれ

知識を最新のものに更新する

年をとるにつれて人はたくさんの経験をします。

こうした経験は若いビジネスパーソンには簡単に手に入らないものであり、年長のビジネスパーソンにとっては貴重な武器ともなります。

しかし、その一方で「経験だけ」でやっていけるほど今日のビジネス環境は甘いものではありません。どれほど多くの経験や知識を持っていたとしても、時代に合った能力や知識が欠けていてはビジネスの世界で勝ち残ることはできません。

だからこそ、人は年をとればとるほど勉強することが必要です。

私はこう考えています。

30代の人間は20代の人間の倍の勉強をしろ。

40代・50代の人間は20代の人間の3倍の勉強をしろ。

つまり、年をとればとるほど、経験を積めば積むほど、若い頃の何倍もの勉強が必要になるのです。そうやって時代に合った能力を磨き続けてこそ、過去の経験や知識が武器になり、成果へとつなげることができます。

ところが、日本の管理職の多くは年を重ね、出世をするにつれて勉強をしなくなる傾向があります。いわば、自分の過去の経験と知識だけに頼って生きていくわけですが、それでは今日のような変化の激しい時代に的確な判断などできるはずもありません。

のちにキヤノンの社長となった山路さんは、若い頃から大変な勉強家で、どんなに偉くなっても、いくつになっても常に最新の知識と技術のキャッチアップを怠ることはありませんでした。

ある時、これからは通信技術が必要だと気づいた山路さんは専門書を読み漁《あさ》って、ＩＳＤＮ（総合デジタル通信網）の猛勉強を始めました。もともとが優れた技術者であり、大変な頭脳の持ち主ですから、一つテーマを決めて猛勉強をすれば、それをテーマに開発に取り組んでいる私たちよりたちまち詳しくなってしまいます。時には開発の最前線にいるはずの私たちが答えられないような質問があり、それに適当な答えをしてしまうと、「君、よくそんな嘘《うそ》がつけるね。知らなきゃ知らないっていいなさい」とぴしゃりとやり込められることがあったほどです。

どんなに素晴らしい成果を挙げ、出世をしたとしても、常に時代に合った能力を磨き続けたのが山路さんであり、だからこそ山路さんはトップとしていつも的確な判断を下すことができたのです。

経験に学びを加えて盤石な人生を送る

山路さんたちトップクラスの人たちもそうでしたが、私自身も「知識の差」を埋めるために、数学の通信講座などを受けることで知識のブラッシュアップを怠らないようにしています。

たとえば、MIT（マサチューセッツ工科大学）の一般教養の数学テキストなどを使って勉強をすれば、数学の勉強だけでなく、英語の勉強も同時にすることができます。技術の基本は数学であり、技術者は海外に行って英語で技術の説明をする機会も多いだけに、常に自分の能力や知識を最新のものにして、かつ磨き続けることが必要なのです。

こうした勉強を怠って、経験だけで仕事をやろうとすると、せいぜい期待値の60％程度のことしかできませんが、経験に勉強が加わると、期待値に近い90％くらいのことができるようになります。

ビジネスパーソンとして活躍し続けたいのなら、経験を積むだけでなく、いつまでも勉強し続けることで、自分の力を磨き続けることが必要です。

こうした勉強を続ける姿勢は60代になっても当然、必要になります。60歳を過ぎても会社に「残ってほしい人」になりたいならもちろんのこと、それ以外の人も経験だけに頼ることなく、「常に勉強し続ける人」でありたいものです。

年をとると、「若い頃のようには覚えられない」「最近のことはよく分からない」と年齢のせいにして、学ぶことをやめてしまう人が少なくありませんが、学ぶことに年齢は関係ありません。

いくつになっても新しいことを学ぶというのは楽しいものですし、新しい何かに挑戦するほどわくわくすることはありません。「何でも知ってると思うなら、それはもう既に死んでいるということだ」とはあるアスリートの言葉ですが、学べば学ぶほど人は己の未熟さに気づき、新しい何かを知りたいと願うものです。

人間にとって経験は貴重なものですが、そこに学びが加わることで持てる経験はさらに輝きを増すことになります。「何を学ぶか」は年齢によって変わってきますが、いくつになっても人間は、学び続けることができ、成長し続けることもできるのです。

出世しても雑用をいとわない

仕事も雑用もこなしてこそ上司

今の時代、60代、70代になっても働き続ける人は珍しくはありません。数十年前であれば60歳で定年を迎えたなら、会社を退職して、年金をもらいながら悠々自適の生活を選ぶ人もいましたが、最近では年金の受給年齢の関係だけでなく、定年延長や再雇用といった定年後も働くことのできる環境が整いつつあることもあり、定年を迎えても働くことが当たり前のようになっています。

よく聞かれるのが「定年後も会社に残ってほしい人はどういう人ですか?」という質問です。私なりにいくつかの条件は持っていますが、そのうちの一つに「出世しても雑用ができる人」、あるいは「自分で何でもできる人」というのがあります。特に大企業の管理職に顕著なのですが、出世をすると、雑用の一切を部下に任せてしまう人がいます。部下が増えたり、役職によっては秘書などがついてすべてをやってくれるということでしょうが、これはよくないと思っています。自分が役員や管理職だからといって、自分でやればすぐに終わるような雑用もすべて部下を頼るのは、いかにも偉そうな振る舞いであり、はたから見ていてみっともないものです。

何でも部下や秘書がやってくれるというのが偉くなった証《あか》しだと思っているとしたら考え違いもはなはだしいとしかいいようがありません。

その点、私がキヤノン時代に仕えた上司は雑用をいとわない人がほとんどでした。社長時代の山路さんが海外出張をする時、「お供をしましょうか」と申し出たところ、こういわれてしまいました。

「何で来るの？　カバン持ちだったら、いらないから」

「カバンを自分で持てなくなったら会社をやめる」というのが山路さんの美学で

した。

山路さんはコピーもよほどの枚数でない限り、自分で取っていました。気を回して誰かが「私がコピーしましょう」といおうものなら、即座にこう返答されたものです。

「キヤノンのコピー機をつくったのは私ですよ。何であなたに頼まなきゃいけないんですか」

ここまでいわれては手の出しようがありません。会議用に大量のコピーが必要な時はともかく、ちょっとしたコピーであれば、社長自らコピーをするというのが山路さんの、そしてキヤノンの上司の姿でした。

このように私が仕えた上司のほとんどは自分でできることは安易に部下や秘書を頼ることなく、自分の手でやっていました。そんな風土の中で育ったので、私自身も講演や海外出張も一人で行くことが苦になりませんし、自分でできる雑用は自分ですませるようにしています。

こうした習慣の人は決して自分を偉いと勘違いすることはありませんし、いくつになっても「自分のことは自分でやる」ことができます。会社に「残ってほしい人」には一様にこうしたよき習慣があります。

家事も妻任せにはしない

たとえ偉くなっても会社での雑用をいとわない人は会社にとって「残ってほしい人」「雇いたい人」であるように、家庭での雑用をいとわないことも「よき家庭人」であり続けるために大切なことではないでしょうか。

夫婦で家事を分担するという話題が出た時、「私だって家事くらいやっていますよ」と自慢げにいう夫がいますが、よく聞くと、しているのはせいぜい「ゴミを捨てる」くらいということもあります。通勤のために家を出たついでにゴミを捨てるのはあくまでも「ついで」であり、とても家事をやっているなどとはいえません。

では、私はというと、朝は早く起きる習慣がありますから、洗濯機を早くから回して、洗濯物を干してから出勤します。そしてワイシャツなどのアイロンがけもすれば、洗濯物をたたんでタンスにしまうところまですべてやります。

もちろんこうしたことは妻もできますが、私も進んでやっています。シャツをたたんでタンスの引き出しにきちんとしまうために、自分で特製の型紙をつくって、それを使ってたためばぴったりしまうことができるという工夫などもして、家事を楽しんでいます。

「忙しくて本を読む暇もない」という人がいるように、家事に関しても「仕事が忙しくて家事なんか無理」という人も少なくありません。しかし、夫も工夫次第でいくらでも家事ができますし、妻と家事を分担することでお互いにストレスのない生活が送れます。

長年、家事を担ってきた妻に夫が簡単に勝てるはずもありませんが、洗濯にしても風呂掃除にしても、自分が苦痛でなければ、難しく考えずに進んでやってみればいいのです。

忘れてならないのは「仕事さえしていればほかのことはいい」と勘違いをしないことです。どんなに偉くなって仕事で成果を挙げたとしても、雑用のできない人では会社にとって「残ってほしい人」にはなり得ません。

同様に家庭でも「俺は仕事をしているんだから」と一切の家事をあたかも雑用であるかのように誤解して妻任せにしているようでは、決してよき家庭人とはなり得ませんし、妻にとってよきパートナーにはなり得ません。

どんなに偉くなっても、どんなに仕事が忙しくても、雑用や家事を粛々とできる人であり続ければ、たとえ退職しても、自分のやるべきことが見つけられるはずです。

#「思い込みの罠」を上手に回避する

もっとがんばればうまくいくのか

自分の所属している部署の仕事が思うように進まないとか、あるいは赤字続きになった時、多くの人が考えるのは「もっとがんばらないと」であり、「もっと遮二無二《しゃにむに》働いて何とか黒字にしないと」です。

上司もこうした時には「もっとがんばれ」とつい口にしてしまいます。しかし、はたしてそれで、業績悪化を改善することができるのでしょうか。

キヤノン時代、ワープロの開発を担当した時のことです。毎日夜の10時、11時まで残業をして、土日も休日返上で働きましたが、一向に赤字から抜け出すことはできませんでした。

「どうしたものか」と悩んでいると、上司からこういわれました。

「君たちがそんなに一生懸命働くから赤字になるんだ。そんなに仕事をするのをやめたら黒字になるよ」

このひと言が大きなヒントになりました。これほど一生懸命に働いているのに一向に赤字から脱却できないのは、私たち自身が「もっと働かなければ」という思い込みにとらわれ過ぎていたからだと気づいたのです。

上司がいいたかったのは、渦の中でいくらあがいていても渦は見えないのだから、一度対岸に抜け出して、外から渦を眺めることも必要だ、ということでした。

私たちは思い切ってこう考えてみました。

「残業なんかやめて、みんな定時で帰っちゃえばいいんだ。土日出勤もやめよう、どっちみち赤字なんだから」

残業も休日出勤も思い切ってやめたところ、日々の仕事で疲れ果てていた心と身体に余裕が生まれたのか、じっくりと考えることができるようになりました。

それまでの思い込みに支配された考え方を脱し、冷静に競合相手を分析し、自分たちの弱みも強みも分かるようになったのです。

結果、「どうすれば競合相手に勝てるか」が分かるようになり、次々と対策を打ったところ、どれほど残業をしても赤字から脱却できなかったのに、どうにか黒字に転換することができました。

これは「成果が出ない＝残業して土日も働かなくては」という思い込みからどうやって脱却したかという私の体験談ですが、こうした思い込みはほかにもしばしば経験をしています。

私が事業責任者で、世界のネットワークがまだアナログ回線だった頃、「これからはデジタル回線の時代だ」と思い込んで多額の投資をして、アメリカのワシントン市にネットワーク開発センターを設立、資金や技術力の不足から失敗したことがあります。

時代の先端を走るつもりでしたが、実際はよく考えもしない行動だったと反省しています。経営者の多くの失敗はこうした何らかの思いつき、思い込みによるものです。こうした思い込みに付き合わされる社員はたまったものではありません。その愚を避けるには、「自分は正しいか？」と常に問い続ける謙虚な姿勢が欠かせません。

「思い込み」という愚を避けるには

自分が根拠とした情報源の確認に加え、熟慮断行を行ってこそ思い込みという失敗を避けることができます。そのために私がやっているのが思いついたアイデアについて時間をかけて「再考」することです。

たとえば、あるアイデアを思いついたなら、すぐに実行に移すのではなく、2〜3日おいて考え直し、また2〜3日をおいて考え直します。そうやって1週間くらいかけて慎重に考え抜くと、思いついたアイデアの中で九つくらいは「やめておこう」となり、残り一つが「やってみよう」となるのです。

こうしたやり方は管理職として「方針」をつくる際にも有効です。私は方針をつくると、やはり2~3日寝かせることにしていました。そうやって冷静かつ客観的に方針を判断したうえで、「上司の立場」に立って読み、「部下の立場」で読むことで、はたしてこの方針で上司は承認をしてくれるのか、支援をしてくれるのかを考え、部下は納得して動いてくれるのかを問い直していました。

もし「?」がつくようなら、その点を見直し、再び2~3日は寝かせて、同じことを繰り返していました。こうやって作り上げた方針は単なる「思いつき」「思い込み」ではない、まず間違いのないものになるのです。

大小はともかく、人は誰しも思い込みの罠《わな》に陥るものです。知識不足から思い込みに陥る人もいれば、あまりに素晴らしいアイデアを思いつき、「これしかない」と突っ走る人もいます。あるいは、年長の人によくあるように、これまでの長い経験から「これはこういうもの」という思い込みにとらわれる人もいます。

管理職や経営者の間違った思い込みは時に組織を揺るがす結果さえ招きかねま

せん。そこまではいかなくとも「年長者＝思い込み・頑固」にならないためにも、ものごとは一面だけから見るのではなく、右からも見る、左からも見る、後ろからも見るという「一月三舟《いちげつさんしゅう》」で多面的にものごとを見る謙虚な姿勢を大切にしたいものです。

つまらない思い込みを捨てると、人生はもっと豊かで楽しいものに変わります。

小さなルールこそ、厳しく守る

誰も見ていなくても、神様が見ている

「人は習慣で行動するので、正しい思考と振る舞いを早いうちに習慣化させるべきだ」とは、世界一の投資家と呼ばれるウォーレン・バフェットの言葉です。

バフェットはベンジャミン・フランクリンを尊敬しており、フランクリンに倣って本や経験を通して自ら学んだ習慣や原則を忠実に守り続けることで大きな成功を手にしています。フランクリンは「節制」「沈黙」などの自らの信念をまとめ、それらを「13の徳」として日々実践していたことでも知られています。

バフェットは正しい思考や振る舞いは単に「知っている」だけではダメで、「習慣」となるまで徹底して守り続けることで初めて成功の支えとなると考えて

いました。彼がこだわり続けたことの一つが、「小さなことで規律を破ると、大きなことでも規律を破るようになる」です。

せっかくよい習慣を身につけようと努力しても、「これくらいはいいか」「今日は適当にしておこう」と小さな規律を破ると、それが当たり前になり、よい習慣はもろくも崩れ去ってしまいます。そうならないためには、はたから見ると「そのくらいはいいんじゃないの」というささいなことさえも頑《かたく》なに守らなければならないというのがバフェットの考え方です。

私は規律ある組織をつくるためには、「小さなルール」こそ徹底して守らせることが大切だと考えています。

たとえば、4回締めるべきネジを「誰も見ていないし、面倒だから」と3回しか締めない社員がいたらどうなるでしょうか。あるいは、踏んづけてしまった部品を「まあ、いいか」と平気で使えば何が起きるでしょうか。当然、製品が不良となる恐れがありますし、それが原因で大きな事故が起きるかもしれません。場合によっては社会的信用を失墜する可能性さえあります。

企業が信用を築き上げるのには長い年月がかかりますが、たった一人の「まあ、いいいか」によって一瞬にして信用を失ってしまいます。

これを回避するためには、すべての社員が自分の仕事に誇りを持ち、真摯に仕事に向き合うとともに、ルールの遵守など規律ある組織をつくることが必要です。

ピーター・ドラッカーがいうように、誰かが見ていなくとも、「神々が見ている」という誇りを持ってみんなが完璧な仕事をする風土を築いてこそ、優れたものをつくることができるのです。

たとえば、キヤノン電子の工場では髪の色は茶髪でもかまいませんが、ズボンをずり降ろして穿《は》く「腰パン」は厳禁です。見た目がどうこうではなく、腰パンだと機械に巻き込まれて大けがをする恐れがあるからです。髪の毛が何色であっても作業者の安全に関わるとか、不良品の原因にはなりませんが、腰パンは危険なので厳しく禁じています。

工場では喫煙も厳しく禁止しています。火災の危険もありますし、クリーンルームの中で吸われると、それまでつくった製品がすべて不良になってしまうからです。

また、キヤノン電子の駐車場は、植栽を排ガスから守るために前向き駐車が義務づけられていますが、この決まりを3回破ると解雇すると規則で決めています。「いくらなんでも厳し過ぎるのでは」と感じる方も多いかと思いますが、このくらいの小さなルールを守ることができない人が、仕事をするうえで欠くことのできない大切な約束事やルールを守れるはずがないのです。

小事を軽んじる人が大きな事故を招く

「小事は大事」という言い方があります。小さな緩みや綻びを放っておくと、いずれ大きなトラブルにつながることがよくあります。そうならないためには小さな綻びに気づいたら、大きな穴になる前にすぐに繕うことが必要なのです。

だからこそ、新入社員の時から小さなルールこそ徹底して守らせ、社会人として必要な常識や倫理観を身につけさせることが大切で、それが徹底できれば、きちんと法令を遵守し、人様に迷惑をかけない企業活動ができます。

こうした会社や社会の守るべきルールとは別に、ビジネスパーソンであれば自らが課したルールもあるはずです。キヤノンに入社した頃、私は「麻雀やゴルフはしないで勉強しろ」といわれ、そのルールを守って勉強を続けました。当然、疲れ果てて勉強したくない日もありますが、その時に「1日ぐらいいいか」とルールを破るか、それとも守るかがのちのち大きな差となって表れます。

あれこれ言い訳をして自らに課した小さなルールを破るか、しっかりと守り続けるか。企業も個人も成功するかどうかはその差で決まるのです。

変化の時代だからこそ温故知新の発想を大切にする

変化を恐れず、チャンスと考える

「変化の時代」といわれて久しくなります。変化についていくだけでも大変なのに、最近では変化のスピードが急激に速まっており、経営者や管理者の中にも「こういう時代は対応が困難だ」と、かじ取りの難しさに予防線を張る人が少なくありません。

私自身は、こうした言い方はリーダーにとって甘えではないかと考えています。変化には必ずイノベーションの機会が隠れており、変化を恐れるのではなく、「変化はチャンス」と前向きな気持ちで臨むことが大切なのではないでしょうか。

変化への対応法を身につけるために、私は次のような方法をお勧めしています。

一、ささいなことでいいので、今後の変化を予想・予測してみる。
二、その変化への対応策を考えてみる。平凡なものでかまわない。
三、できる範囲でいいから、アイデアを実行してみる。

これができたら、変化に適応するためのトレーニングとして、
一、あらゆることに興味を持ち、学ぶ姿勢を身につける。
二、常に未来のイメージを描き、どうしたら成功させられるかを考える。
という意識変革を習慣づけてみましょう。

若い人はもちろんのこと、年配の人も変化を恐れるのではなく、変化の中にこそチャンスがあると考え、変化を迎え撃つ姿勢で臨むことこそが変化の時代を生き抜くうえで大切なことなのです。

今がダメなら、好機が来るまでプランを温めておく

とはいえ、変化をチャンスとするためにはとてつもない発想が求められるのではないかと恐れる人もいます。そんな時に思い出してほしいのが「温故知新」という言葉です。

世の中を変えるような革新的製品は、すべてが新しく革新的なわけではなく、既存の技術の組み合わせでできていることが多いのです。かつて私が一緒に仕事をした、アップルコンピュータ（現アップル）の創設者スティーブ・ジョブズ氏はｉＰｈｏｎｅやｉＰａｄなど歴史的な新製品を次々と生み出し大ヒットさせましたが、こうした製品のほとんどは既存の古い技術の組み合わせで、ジョブズ氏自身が何かしら画期的な新技術を開発したわけではありません。20～30年遡れば、その多くは誰かの手になる技術にたどり着きます。ジョブズ氏の製品には、私がキヤノン時代に手がけたＮＡＶＩというパソコンの技術（タッチパネル）も使わ

れています。

ジョブズ氏が2010年に発表したiPadを構想したのは、25年も前のことだといいます。しかし、いくら優れたアイデアであっても、それを実現する技術や環境が揃《そろ》わなければ製品化は不可能です。

ジョブズ氏のすごいところは、「今は無理でも、将来、必ずこういうものができるようになる」と常に技術の進歩をにらみながら、未完の製品プランを温め続け、好機が到来したとなると一気呵成《いっきかせい》に実現に向けて動き出す点にあります。たとえば、ディスプレーは液晶になり、メモリーも高速・大容量で、安価になりました。20〜30年前には不可能なことも時代の変化とともに可能になっていくのです。

未来の製品を思い描く時、古い技術がヒントになるのはよくあることです。私は若い頃、暇さえあれば特許庁に行って、昔の技術に関する文献をあれこれ眺めていました。そうやって古い技術を丹念に調べていると、当時の技術レベルや市場環境ではできなかったものが今の時代ならできるようになり、しかも十分にニーズもあるということが分かりました。

そうやって過去の記録からものづくりの着想を得て、いくつかの技術を整理統合すれば、それまで誰も思いつかなかった、まったく新しい発想の製品を構想することができます。変化の時代に、イノベーションを起こすためには、故《ふる》きを温《たず》ねて新しきを知る「温故知新」の発想はとても有効で、役に立ちます。

生産技術なども常に進化しているように見えますが、実は30年周期で先祖がえりをしています。30年前の技術と理論をしっかりと研究すれば、将来の生産技術を予測することができるのです。

人は未来から学ぶことはできませんが、過去からはいくらでも学ぶことができます。但し、過去だけにこだわっていては新しい知恵は生まれません。

「温故知新」とはまさにそういうことなのです。若い人よりも、年長者のほうが過去の知識や知恵、体験などを豊富に持っています。さらに変化への対応法をプラスできれば、変化の時代を生き抜くたくさんの知恵を生み出すことができます。

第二章

「裾野を広げ、知識を役立つものにする」

教養の積み重ねこそが独創性を生むカギ

専門の知識を核として裾野を広げる

年をとるととかく「最近の若いやつは」という言い方をしたくなるものです。自分の若い頃を振り返れば、軽々しくそんな言葉は口にできないはずですが、それでも長く技術の現場で生きてきた私の目から見ても、たしかに「若い設計者の質が落ちた、創造性がなくなった」という意見には「そうなのかな」とうなずくところもあります。

では、なぜ若い設計者の質が落ちたと多くの人が感じているのでしょうか。理由は二つ考えられます。

一つは技術や経験の継承といった「人づくり」がうまくいっていないこと、そしてもう一つは幅広い教養が不足していることが挙げられます。

よく「ゼネラリストよりスペシャリストを目指せ」という人がいます。もちろん専門を持たないゼネラリストは使い物になりませんが、同様に小さな分野の専門家に甘んじて、知識の裾野を広げる意欲がない人も、いずれは特定のその分野においてさえ使い物にならなくなってしまいます。

私がキヤノンに入社したのは1967年のことです。当時のキヤノンは東大や京大などの一流国立大の理系出身者が多く、私のような私大出は少数派でした。周りを見れば、みんなが優秀に見えたし、知識という点でもとても太刀打ちできませんでした。

直属の上司からも「お前はそう優秀じゃないんだから」といわれるほどでしたが、だからこそ入社して数年は、家に帰ると必死になって自分の勉強をして、土日も遊びたいのを我慢して専門書に向かいました。特に苦手分野については一からやり直したお陰で、やがてエリートたちとも対等に議論ができるようになりました。そこからさらに心がけたのが歴史や哲学、芸術や音楽といったあらゆる教養を取り入れ、知識の裾野を広げていくことでした。

一見すると仕事とは何の関係もなさそうに思えますが、実際にはこうした勉強を地道にコツコツと続けていくと、その蓄積があるレベルに達したところでぱっと花が開き、成果となって表れるのです。

技術の世界で生きる人間であれば、誰しも専門知識は持っています。問題はその深さと幅の広さなのです。専門知識だけでは発想に限界がありますが、その先に幅の広い教養があれば、その人だけが持つ独創性を生み出すことができます。

「会社と仕事」以外に目を向ける

クリエイティブな製品を生み出すためにはつくる側の人間もクリエイティブでなければならず、そこに幅広い教養と卓越した専門知識があってこそ素晴らしいものを生み出すことができるのです。

豊かな発想は多彩な知識、幅広い教養から生まれます。幅広い教養は技術者だけでなく、海外との交渉などでも絶対に必要です。私はこれまで多くの外国人と交渉を行い、仕事をしてきましたが、彼らはよくジョークを交えながらいろいろなことを聞いてきます。それに応えることができないと、「何だ、この男は？こんなことも知らないのか？」とあきれられてしまいます。

だからこそ、文学でも音楽でも絵画でも、基礎的な教養を身につけておかないと、交渉に入る前の段階でつまずいてしまいます。どんな話題が出ても、少しは会話が成立するような知識や感性、そして自分なりの意見を持つことが大切なのです。

幅広い教養は技術の世界や交渉事で必要なだけではありません。会社人間が定年を迎え、会社を離れた時に一般社会にすんなりと溶け込めないのは、会社と仕事のことしか知らず、それ以外の知識や教養がそもそも欠けているからではないでしょうか。

会社以外の人と話をする時に「仕事」の話しかできないのではあまりに寂しいし、「この人はつまらない人だなあ」と思われておしまいになってしまいます。人生をより豊かに生きるためには専門知識以外に幅の広い教養が不可欠です。幅広い教養があるからこそ人は独創的な発想ができるし、会社を離れてもさまざまな人と出会い、そしてよい関係を築くことができます。

そして「幅広い教養」には決してゴールはありませんから、いくつになっても「教養の裾野」を広げる努力を続けることで人はいつまでも成長し続けることができるのです。

時にはアーティストになってみよう

独創性は教養の積み重ねから生まれる

アメリカの経営者の中には単に経営手腕が優れているだけではなく、圧倒的な教養を持つ人が少なくありませんでした。

私がネクストコンピュータの開発で一緒に仕事をしたスティーブ・ジョブズ氏は新しい技術を見出す才能も素晴らしく、音楽や絵画など芸術も大好きでした。禅の世界にも凝っていて、教養の深さ、人間的な幅の広さはけた違いでした。

こうした教養の積み重ねこそが、その人だけが持つ独創性を生み出す基になるとジョブズ氏を見て感じたものです。

そんなジョブズ氏の若き日の代表作の一つは、コンピュータの歴史に革命を起こしたといわれるマッキントッシュがそれほどの製品になったかという理由はいくつかありますが、特筆すべきは当時の開発メンバーが芸術的な価値観によって動かされていたことです。なぜマッキントッシュが

メンバーの一人アンディ・ハーツフェルド氏が自著『レボリューション・イン・ザ・バレー』（オライリー・ジャパン）でこう書いています。

「マッキントッシュは競合のことなど気にも留めず、むしろ芸術的な価値観によって動いていた。その最終的な目標は、超越的に光り輝き、ずば抜けて偉大なものになることだった。僕らはマッキントッシュを考えられるあらゆる領域において、最先端となる、技術的にも芸術的にも最高の作品にしたかった」

売れる製品をつくるというよりも、芸術的にも圧倒的なものをつくるというのが当時のメンバーの共通認識でした。こうした価値観を強烈に植えつけたのがジョブズ氏です。

ジョブズ氏は開発チームに「君たちは技術と文化を融合させるアーティスト

だ」「この製品を現実のものにするのは君たちの創造性だ」など、魅力的な言葉を並べ立てることで彼らのやる気を引き出しています。

本物に接し、脳を活性化させる

エンジニアを「アーティスト」と呼ぶジョブズ氏はさらに、彼らをメトロポリタン美術館に連れていって最高の芸術に触れる機会をつくったり、「芸術家は自分の作品にサインするものだ」として、初期のマッキントッシュには彼らのサインを刻んだりしました。

ジョブズ氏のやり方は日本のビジネスパーソンには理解しづらいかもしれませんが、エンジニアの仕事は「全人格の投影」であり、幅広い教養がないと優れた設計ができないというのは事実です。よい仕事をするためには専門知識だけではなく、歴史や哲学、芸術などの幅広い教養もまた必要なのです。

それは日本のビジネスパーソンも同様です。仕事帰りに同僚と一杯やって、会社や上司への愚痴をいって憂さ晴らしをする暇があれば、その回数を半分に減らして、本を読んだり、音楽を聞いたり、映画や絵画を見たりすることで、脳にもっと健康的で、心地よい刺激を与えてみてはいかがでしょうか。

ビジネスパーソンであれば仕事をするのは当たり前ですし、専門書も当然読むでしょうが、時にはそれを忘れ、「アーティスト」になって、美術館をのぞいてみることです。

なぜ美術館なのかというと、そこには本物の芸術があるからです。キヤノン電子にもいくつか絵画を飾っていますが、それらはコピーではなく、すべて本物です。優れた人材を育てるためには、コピーではなく、本物に接する機会がとても大事だという考えからです。

同様にクラシックのコンサートなどに行って、本物の音楽に接することで、脳がよい刺激を受けると、心も身体もリフレッシュすることができるのです。

家と会社の往復だけではなく、自分だけの時間や空間を持つことで脳は活性化するといわれています。それは一人旅に出るとか、どこかに秘密の部屋を持つということではなく、日常を忘れられる時間や空間を見つければいいのです。たとえば美術館やコンサートホール、映画館、図書館といった場所に行き、一人でよい音楽、優れた芸術に触れることで十分に可能になります。

私自身、幼い頃から絵や音楽が好きで、あるいはお寺を訪ねて仏像を見ることもよくありますが、こうした芸術作品に触れることは気持ちをリフレッシュさせてくれるだけでなく、心を豊かにして、よいアイデアを生む源ともなっています。

忙しい日々を送っている人こそ、時に「アーティスト」を気取ってみてはいかがでしょう。美術館や博物館は定年後の暇つぶしに訪れる場所ではありません。ビジネスパーソンにとっても美術館や博物館は本物と出会い、インスピレーションを刺激してくれる素晴らしい場所なのです。

仕事も趣味も先延ばしにしない

忙しい理由を分析してみる

「定年になったら旅行もしたいし、本も読みたいし、ゴルフもゆっくり楽しみたいなあ」と定年後の夢を語る人がいます。

たしかに仕事をするということはたくさんの責任を抱え、懸命に努力するべきものですが、「仕事」とこうした「趣味」と呼ばれるものは本当に両立しないものなのでしょうか。

のちにキヤノンの社長となった山路さんは私にとって忘れることのできない人物です。キヤノンの入社試験の面接を受け、帰ろうとしていた私に「君、よかったら、このあと食事に付き合わないか」と声をかけてくれたのが山路さんです。

当時の山路さんはズームレンズの設計理論（山路理論）で知られる著名な技術者でした。大学の教科書にもその名前が載るほどの山路さんと、食事をしながら「うちへ来ないか」と熱心に誘っていただいたことは、今も忘れられない思い出の一つです。

山路さんの優秀さはもちろん入社前から知っていましたが、入社してからは大変な勉強家であることに圧倒されました。有名な技術者でありながら、驕《おご》ることなく勉強を続け、社長になってからでさえ帰宅してからの勉強と、土日に図書館にこもっての勉強を欠かすことはありませんでした。

そんな山路さんを見ているだけに、私たちも山路さんに負けないように必死になって勉強をしました。私が知るキヤノンのリーダーたちは、山路さんに限らず、みんな大変な勉強家であり、大変な読書家でした。

優秀な人はそれだけ本を読み、勉強をし続けているからこそ、的確な判断ができるし、いつも頭が整理されているのです。

ところが、最近の経営トップや若い管理職の中にはこんなことを平気でいう人がいます。

「そんなことをいったたって勉強する暇なんてないよ、忙しくて」

たしかに「忙しい」に嘘はないのでしょうが、はたして「本を読む時間がないほど忙しい」は本当なのでしょうか。

企業の経営者、管理者に限らず、若い人も本を読まなくなり、「本を読む暇がない」と言い訳をしています。しかし、実際には「本を読む時間がない」のではなく、「ゲームなど、ほかのことをやっているだけ」なのではないでしょうか。

時間はつくるもの

「忙しい」が口癖の人はとかく仕事に追われるところがあります。目の前の仕事に追われて、やるべき仕事を先延ばしにし、そのうえ勉強をするとか、本を読むこともすべて後回しにしてしまいます。

仕事を先延ばしにする人は、趣味も先延ばしにしてしまうものです。

「定年になって時間ができたら旅行を楽しみたいなあ」

「定年になったらゆっくり本を読んで過ごしたいなあ」

もっともな話に聞こえますが、実際には本を読むことも、旅行をすることも決して特別なことではなく、20代でも30代でも40代でも50代でも60代でも70代でもできることです。

にもかかわらず、あえて「定年になったら」と先延ばしにする人は、仕事を追うのではなく、忙しさに追われ、時間に追われる人なのでしょう。

仕事というのは追われるものではなく、自らつくるものです。同様に本を読んだり、旅行を楽しむ時間も忙しさの中でいくらでもつくることができます。

私自身、若い頃から仕事にはいつも全力で取り組んできましたが、同時に山路さんたちに負けないようにたくさんの本も読んできました。旅行も一人で行くだけでなく、機会を見つけては妻とも出かけました。ゴルフにも夢中になりシングルになりましたし、今もスピードゴルフを楽しんでいます。ほかにも音楽も絵も大好きです。

「忙しいのによくそんなにたくさんのことができますね」ともいわれますが、どんなに忙しくても趣味や勉強の時間をつくることはできますし、むしろ仕事を完全にやめてしまい、あり余るほどの時間ができたなら、私自身はあえて旅行には行かないのではないかと思っています。

忙しいからこそ旅行など、仕事を離れる時間が貴重だし、価値を持つのです。仕事を先延ばしにする人は趣味も先延ばしにします。あれこれ言い訳を考え、「できない理由」を探す人は、仕事でも趣味でも「できない理由」ばかりを口にします。仕事も趣味も今この瞬間に全力で取り組むことです。そうすれば、定年後とか、余生とか関係なしにいつでも楽しく全力で生きることができるのです。

運の呼び寄せ方を知る

忙しいからこそ旅行ができる

旅行は忙しいからこそ行くもので、暇だったら行かないのではないか、というのが私の考えです。

仕事は忙しい人に頼め、という言い方がありますが、忙しい人というのは仕事の優先順位のつけ方が上手なので、はたから見るととても忙しいのにある程度、余裕を持って仕事をすることができます。だからこそ、本も読めるし、旅行にも行くことができるのです。

以前、ちょっと面白い旅行をしたことがあります。奈良のお寺を訪ねて歩いた時、最初に一定の予算を決めて旅行をして、残ったものはすべて最後のお寺に寄進しようと考えました。

私は栃木の山育ちなので足腰はとても丈夫です。もちろん乗り物も利用しますが、歩けるところは歩くことでムダな費用を抑えた結果、最終日には少しまとまったお金を残すことができました。それを寄進しようと春日《かすが》大社を訪ねたのですが、既に参拝時間を過ぎていました。事情を話すと中に入れてもらえ、普段はあまり見ることのできないところまで一人でゆっくりと見ることができました。

私にとって思い出に残る旅の一つです。

必死に努力すると、運はおまけでついてくる

観光とは別に「神頼み」的な理由でお寺や神社を訪ねる人もいます。私自身はあまり神頼みをするほうではありませんが、私の人生にとって一つの神社との出会いは忘れることができません。

私には「キヤノン電子代表取締役社長」に加え、「三峯《みつみね》神社御創建1900年

記念事業奉賛会長」という肩書きがあります。

三峯神社は、キヤノン電子の本社所在地である埼玉県秩父《ちちぶ》市にある、日本有数の神社です。日本神話の英雄・日本武尊《やまとたけるのみこと》が創建したという伝説が残る神社で、最近では関東有数のパワースポットとしても大変な人気を博しています。

私はこの神社の修復に友人や知人と取り組み、今も修復計画を進めていますが、修復に関わるようになったのはある時、休日に三峯神社に気晴らしに出かけたことがきっかけでした。

私がキヤノン電子の社長になったのは1999年のことです。当時のキヤノン電子は赤字に近い会社で、唯一黒字を出しているのはキヤノンから受託生産をしているプリンター事業だけで、この事業も中国への生産移管が決まっていました。

このままでは最新鋭の赤城工場を縮小、または閉鎖しないと経営が成り立たないという厳しい状態でした。そこで、ある企業のトップに指導を仰いだところこういわれました。

「君、成功するかどうかはほとんど運だよ。しかし、運を呼び寄せるには死に物狂いで努力することだね」

こうしたアドバイスをもとに、売上高よりも利益を重視して、3年目に経常利益率を5%、5年目に10%、7年目に15%にする目標を立てたものの、具体的に何をするかがまとまらず、ストレスがたまった状態で訪れたのが三峯神社でした。

もちろん三峯神社のことは知っていましたが、見るのは初めてでした。壮大さに驚きと感動を覚えましたが、同時に巨大な山門や壮麗な本殿の漆塗りがはげ落ち、土台が腐り果てていることにはショックを受けました。自分の会社の現在と未来を見たような気がしたのです。

そこで神様にこんなお願いをしました。

「私にこの由緒ある神社を本来の姿に修復するチャンスをください。会社を黒字体質にしたらすぐに修復にかかります」

黒字体質にするために必要なのは、それを何が何でもやり遂げようという信念であり、情熱でした。以来、社員の懸命ながんばりのお陰もあって、経常利益率約15％を7年間で達成することができたばかりか、あの日にお願いをした神社の修復も5年間で終えることができました。

運というのはただ祈るだけでやってくるものではありません。必死に努力しながら祈るというのが正しいあり方で、運はそのおまけのような形でやってきます。あの日、何気なく三峯神社を訪ねたことが私に一つの信念を与えてくれ、その信念のもとに社員と一緒に努力した結果がキヤノン電子を高収益企業へと変えることになりました。

お寺や神社を訪ね、神頼みをしたからといってすべての願いがかなうわけではありません。しかし日々、一生懸命努力をする一方で、お寺や神社を訪ね、心の安らぎを得ることはがんばるための支えとなり、信念を支えてもくれます。

日本には有名無名を問わずたくさんのお寺や神社があります。それらを訪ね、そっと手を合わせるだけでも明日への元気が湧いてくるはずです。

夫婦旅は牛に引かれて善光寺方式で

妻任せで夫婦の旅行を楽しむ

「牛に引かれて善光寺参り」というお話をご存知でしょうか。

昔、信濃《しなの》の小諸《こもろ》にケチで性根の悪いおばあさんが住んでいました。

ある日、川で布を洗濯して、軒先で乾かしていたところ、突然1頭の牛が現れて、布を角に引っ掛けて走り出してしまいました。大事な布をとられては困ると慌てたおばあさんは必死になって牛を追いかけ、気がつくと長野の善光寺まで来てしまったというのです。

すっかり日も暮れて、牛が入っていったお堂におばあさんも入っていくと、堂内の観音様に牛にさらわれた布がかけてありました。それを見たおばあさんは

「牛と思っていたのは実は仏さまの化身だった」と悟り、それまでの生き方を悔い改めてすっかり信心深い人間に変わったというお話です。

これは小諸にある布引観音と長野の善光寺にまつわる昔話ですが、おばあさんが観音様の化身である牛のあとを追いかけるうちに善光寺にたどり着いたように、夫婦の旅というのは妻のあとを夫が追いかける形でいろいろなところへ行くのが一番いいのではないかと考えています。

新聞などを見ていると「60歳以上のご夫婦で」と銘打った少し豪華な旅行の案内などがよく掲載されています。新幹線のグリーン車やグランクラスを利用したり、船旅を組み合わせ、そこに豪華な旅館やホテルでの宿泊をうたい文句にしたやや高めの価格設定になっています。

バス旅行などが夫婦に限らず、年配のお友だち同士の参加が多いのに対し、こうした高額な旅行の場合はやはり定年を迎えたご夫婦が一番の対象になるのでしょう。定年までがんばって働いてきたご夫婦にとって、二人一緒にちょっと豪華な旅行を楽しめるというのは素晴らしいことです。

こうした旅行会社が企画した、添乗員なども同行する旅行のメリットは参加者にとってほとんど手間いらずで各地の名所旧跡などを見て回り、おいしい食事を楽しめることです。けれども、ご夫婦の中には団体旅行ではなく、ご自分で旅行の企画から切符や宿の手配をされる人もいると思います。そんな方にお勧めしたいのが先ほどの「牛に引かれて善光寺方式」です。

私は一人旅も好きですが、若い頃から夫婦でもよく旅行をしていました。二人で旅行に行く場合、「どこに行くか」を含めて、切符や宿の手配などすべてを妻に任せ、私は妻のあとをついていくようにしていました。

もちろん「どこに行くか」については二人で話し合いますが、行き先が決まってからはすべて妻任せです。すると、妻は旅行ガイドブックなどを見て、「どこを見るか」「どんな順番で見て歩くか」「移動手段は何がいいか」「食事はどこがおいしいか」などを詳しく調べたうえで最適のプランを考えてくれますし、切符なども完璧に用意してくれます。

時には桜を見に行ったはずが既に盛りを過ぎていて、葉桜になっていることもあります。そんな時にはがっかりしている妻と一緒に、川に桜の花びらが浮かぶ「花筏《はないかだ》」の美しさをめでればいいのです。時折、旅先で険悪な雰囲気になっているご夫婦を見かけることがありますが、せっかくの水入らずの旅行なのですから予定外の出来事までも楽しめばいいのです。

現役の時に夫婦で小旅行を

もう一つ私が夫婦の旅で心がけているのが旅行中は仕事を忘れて、妻との時間に集中することです。

わずか3、4日の旅行中、会社からの電話が頻繁にかかってくるようではせっかくの旅行が台なしになってしまいます。よほどの大事件でもない限り、3日か4日、自分が会社にいなくても大丈夫なのですから、食事の時は妻の話に耳を傾け、旅行中は妻が立ててくれた計画に沿って、妻のあとをしっかりとついていけばいいのです。

私は若い頃からこうした旅行を妻と続けていたため、それがよい慣らし運転になったのでしょう、ある程度の年齢になってから長期の船旅に出かけた際も楽しく過ごすことができました。現役時代には夫婦で旅行をしたこともない夫婦が「定年になったから船旅でも楽しもうか」と船旅に出ると、お互いに慣れていないせいか、旅行中にトラブルになることも少なくないようです。私がよく知る船長に聞いた話ですが、長期間の船旅でお互いに険悪になり、一方が途中から日本に帰ってしまったり、熟年離婚の引き金になることもあるそうです。

「定年になったら二人でゆっくり旅行をしようか」と考えている人は、できるなら早めに少し時間を取って慣らし運転をしておくことをお勧めします。一泊二日でも妻にすべてを任せて旅行をする時間を取る習慣をつけておけば、定年になってからの旅行をきっと何倍も楽しむことができるはずです。

ゴルフは一生の友

365日、1時間の練習をする

人生を豊かにしてくれるものの一つに長年続けてきたゴルフがあります。

実はゴルフに関しては若い頃、上司から「若い頃はゴルフも麻雀もやるな。そんな暇があったら勉強しろ」といわれ、20代、30代の頃は控えていたのですが、40代になりゴルフを楽しむようになりました。

ゴルフに限らず、何かを身につけようと思ったら、ある程度のレベルになるまで徹底して集中するのが私の主義です。ある程度のレベルとは、「人前で恥ずかしくないレベル」であると考えています。そこに行きつくまではとにかく一心不乱にやるというのが私のやり方なので、ゴルフも同様に取り組みました。

専門知識を身につけるための私のやり方は100冊の専門書を読むことでしたが、ゴルフの場合は本を読むだけではダメで訓練を欠くことはできません。そこで、自分と背格好の似たプロが書いたレッスン書と、レッスンビデオを買ってきて、暇さえあればひたすらスイングを真似しました。

仕事で上達するには身近な先輩や課長などを目標にして、その人に「追いつき追い越せ」と努力することが効果的です。ゴルフでも同様だと考え、スイングの分解写真などを家のトイレや天井に貼って、目で覚えるようにしたのです。

そして素振りは夜、自宅の庭に出て、部屋の灯りは消して、庭の照明だけをつけ、窓ガラスに映る自分の姿を見てフォームをチェックしました。スポーツにおいては3日間何もしないと、筋肉が忘れるといいます。そのため、それこそ365日、欠かすことなく1日1時間はクラブを振りました。夜1時に帰宅した時でさえ自宅の庭で灯りをつけてスイングをしたため、さすがに近所からクレームがつくこともありました。

ほかにも天井からピンポン玉をつるして、スイングの軌道を固めたこともありますし、庭に粘土を入れてバンカーショットの練習をしたり、部屋のじゅうたんの上に小さなピンを立ててパターの練習をしたこともあります。

さらにクラブを振るための筋肉を鍛えようと、ゴムのチューブを使った筋力トレーニングも欠かさず続けました。

但し、こうした練習を続けていた2年間、コースに出ることは一度もありませんでしたし、打ちっぱなしにも行きませんでした。ゴルフの練習を始めると、すぐにコースに出たくなるものですが、スイングが固まる前にコースに出ても得るものはないからと時機を待ったのです。

仕事もゴルフもスピード感を持って

そんなトレーニングの効果が出たのでしょう、40代半ばでゴルフを始め、3年目には見事にシングルになることができました。

すべては自分で考えたやり方でしたが、「人前で恥ずかしくないレベル」になるためにはどうすればいいのかを真剣に考え、欠かすことなくトレーニングを続けたお陰で、ゴルフにおいても仕事と同様にある程度のレベルに到達することができました。

40代で始めたゴルフは今ももちろん続けています。但し、ちょっと変わったゴルフで、最近凝っているのがどれだけ速くコースを回ることができるかという「スピードゴルフ」です。

ドライバーを打ったあとは、クラブを2本持って、素振りなどに余計な時間をかけることなしにボールを置いたらパッと打ち、できるだけ速足でボールの場所にまで駆けていくのです。

通常、四人で回りますが、スピードゴルフですから1ホールを回るのに1時間20分もあれば十分です。そういうと「何もそんな急がなくても」という声が聞こえてきそうですが、仕事においても素早い判断力や実行力のスピードが問われる時代、ゴルフだけのんびりやる必要もないのではないでしょうか。

私はもともと山岳部でしたから足腰には今でも自信があります。よくカートに乗って回る人たちがいますが、もしカートに乗らなければゴルフができないようだったらゴルフはやめる、というのが私の信条です。

ゴルフを始めた頃、アメリカのレッスンプロから「もっと努力しろ、そうすれば本番でもできるようになる」といわれましたが、仕事もゴルフも趣味もその通りだと思います。やる以上はある程度のレベルになれるように真剣にやります。本を読むだけではダメで、本を読んで、自分の頭でしっかりと考えて、考えたことを実践してみます。

その繰り返しを通して初めて人は上達するし、成長することができるのです。私にとってゴルフは今も続けているとても楽しい趣味ですが、趣味もある程度真剣にやることで上達し、上達することでさらに楽しくなると思っています。

知識を知恵に変える知恵テクを身につけろ

書かれていることを鵜呑みにしない

私は幼い頃から読書が好きで、これまでにたくさんの本を読んできました。そして今もたくさんの本を読み続けています。

私と同様に本を読むことが好きで、勉強が大好きな人はたくさんいますが、学者ならともかく、企業の現場で戦う人間であれば、本を読むことで身につけた「知識」を「知恵」に変える「知恵テク」も磨くことを忘れてはなりません。

「発明王」トーマス・エジソンは子ども時代に、ある街の図書館の本をすべて読んだといわれる伝説が残るほど本が大好きでした。「発明王」と呼ばれるようになってからも研究所には古今東西の本を集めた図書館を設けて、関連するすべての本を読んでから研究に取りかかったともいわれています。

まさに「本の虫」ですが、エジソンの特徴は本を読むだけではなく、子どもの頃からその本に載っている実験などを可能な限り自分の手で行ってみて、書かれていることが正しいかどうかを自分の目で確認したところにあります。

たいていの人は本を読み、そこに書かれていることを「ああ、そうか」と鵜呑《うの》みにしますが、エジソンの場合は間に「やってみる」が入ったことで本から得る知識が「知恵」に変わり、その結果が生涯に1000を超える特許につながったのです。

本が好きで、勉強に長《た》けた人の中にはたくさんの知識を持ち、たとえばMBA(経営学修士)の資格なども持つエリートと呼ばれる人がいます。しかし、優れたコンサルタントがよその会社の「評価」はできても、実際の「経営」ができないように、知識が単なる知識でしかない頭でっかちのエリートたちは、問題点を指摘することには長けていても、「じゃあ、お前がやってみろ」といわれると、何もできないことがよくあります。

銀行や証券の世界は分かりませんが、少なくとも製造業では、海外の有名ビジネススクールで得た高度な知識よりも、現場でたたき上げた工場長の人柄や経験、仕事を通して磨き抜かれた知恵のほうがずっと貴重なのです。

高学歴で周囲から頭脳明晰《めいせき》といわれるほどの人物が、海外の現地法人などを任されたもののうまくいかず、半年くらいで日本に呼び戻されることがよくあります。何が問題かというと、エリート意識が邪魔をするのか、現地のスタッフと軋《あつ》轢《れき》が生じて、収拾がつかなくなるのです。

代わってその処理を任されるのは、たいていの場合、現場のたたき上げで、人望の厚い工場長タイプです。華々しい学歴や職歴こそありませんが、人間力に優れ、現場で磨き抜いた知恵を持っているだけに、相手が外国人であろうと、難しい現場であろうと、みんなの心をつかんで課題を処理していくことができるのです。

こうしたケースを見るたびに、結局、仕事の現場では知識が知識でしかない頭でっかちの人間よりも、仕事を通して知恵を磨き抜き、人間力を身につけた人間のほうがはるかに強いし、役に立つと思えます。

見て、聞いて、試す

知識というのは本を読むことでも、また、学校で勉強をすることでも、あるいは最近ではネットで検索するだけでも、たくさん得ることが可能です。若い人の中にはネットでパパッと調べて、「その件は知っています」と分かった気になる人が少なくありません。

しかし、その程度の知識で戦えるほど企業は甘いものではありません。ネットを見て、「知った気になる」のではなく、本を読むことが必要ですし、読んで身につけた知識をさらに「試す」とか、「やってみる」ことで「知恵」へと変えていくことが何より大切なのです。

ホンダの創業者・本田宗一郎氏が「われわれの知恵は見たり聞いたり試したりの三つの知恵で大体できている」として、こう話しています。

「見たり聞いたりなんてものは迫力もないし、人に訴える力もないと思う。試したという知恵、これが人を感動させ、しかも自分の本当の身になる、血となり肉となる知恵だと思う」

いかにも実践派の本田氏らしい言葉ですが、たしかに知識が知恵に変わるためには、単に「読む」とか「聞く」だけではなく、間に「自分の目で見る」や「自分でやってみる」が入ることが必要なのです。

第三章

「人生を豊かにする読書術」

自分流の本の読み方を見つける

本は自腹で買う

私は子どもの頃からたくさんの本を読んできました。そのジャンルは幅広く、マンガから古今東西の小説、そして翻訳物のビジネス書まで、多種多様な本を読むというのが私のやり方です。

専門書に関してはビジネスパーソンであれば「読むのが当たり前」と考えていますから、こうした教養や趣味としての読書とは少し違ってきます。

なぜこれほどたくさんの本を読むかというと、豊かな発想は多様な知識から生まれると考えており、そのためには本を読むのが一番の方法ではないかと思っているからです。

本を選ぶ時は、たいていの場合、街の本屋へ行って、「これは面白そうだな」というものを実際に手に取って、パラパラと眺めてから買います。出張などで新幹線や飛行機に乗る前も駅や空港に本屋があれば、そこに寄って気に入ったものを何冊か購入します。

本を買う時の大原則の一つは必ず「自腹で買う」ということです。ビジネスパーソンの中には「この本は仕事に使えるから」という理由で経費で購入する人がいます。もちろん「絶対にダメ」ということではありませんが、私自身は若い頃から本を読むことは「人間性を高める」ことであり、「教養を高める」こと、つまり「自分への投資」と考えて「自腹で買う」を通してきました。

そしてそのために実践してきたのがあらかじめ本を買うためのお金で「図書カード」を購入するというやり方です。本も何冊も買えば決して安い金額ではありませんから、たとえ目の前にほしい本があったとしても懐具合を考えて、「今日は買うのをやめておこう」となりかねません。

ビジネスパーソンの多くは限られたお金の中でやりくりをしているだけに、本を買えば、その分、ほかに回すお金が減ることになります。どうしても本と何かを天秤《てんびん》にかけて、本を買うことを後回しにすることもあるはずです。

だからこそ私は若い頃からまとまった金額の図書カードを購入して持ち歩くようにしていました。図書カードは本を買うこと以外に使えませんから、図書カードを買ってしまえば、本を買うほかはありません。

現在では毎年30万円ほどの図書カードを購入していますが、若い頃も給料の中から一定額の図書カード（かつては「図書券」）を購入して本を買うようにしていたので、関心のある本はあまり躊躇《ちゅうちょ》せずに買うことができました。

読後は評価をつけ、読書ノートを書く

生来の本好きなので、購入した本は「積読《つんどく》」にはならず、暇さえあれば読むようにしています。通勤時間はもちろんのこと、入浴の時間も利用して読んでいま

す。お風呂で読む時は、氷水を1杯持ち込んで、風呂の蓋にタオルを2枚敷いて、その上に本を置いて読むようにしています。こうすれば本が濡れることもありませんし、湯気で本がふやけることもありません。

もともと本を読むのは速いため、1冊の本を読むのにあまり時間はかかりません。但し、読んでみてこれはいいなと思った箇所は必ず2度読むようにしていますし、テーマごとに分類をしています。こうしておけば、講演などで話をする際も、必要なものをすぐに探し出すことができてとても便利です。

さらに読んだ本は5段階で評価をつけるほか、読書ノートも書くようにしています。読んだ時には「そうだな」と思ったことも、そのままにしていると自然と忘れてしまいますが、「読んだ」ことを「書く」ことによってしっかりと頭の中に刻み込まれます。また、読書ノートを読み返すことでその内容を再確認することもできます。

読み終わった本は会社の図書館などに寄贈することが多いのですが、常に手元に置いておきたいものももちろんあります。本書で紹介した本はいずれもそうですが、これらの本は折に触れて何度も読み返すため、いつの間にかぼろぼろになることもあります。

そんな時には、再度購入して、そこから何度も読み返します。若い頃に読んで数え切れないほど読み返した本の中には、既に「何代目だろう」というものがいくつもあり、買い替えた回数が多いほど私にとって大切な本といえるかもしれません。

このように私にとって本はなくてはならないものであり、「定年後の暇つぶし」のようなものではありません。読書を定年後の暇つぶしと考えるにはあまりにもったいない。本は定年後だけでなく、今という時を豊かにしてくれる大切な存在です。

迷っている時は肯定してくれる本を読む

読書で得られる三つの効用

本を読む効用はいろいろありますが、私は主に三つあると考えています。

一つめは教養の獲得です。

企業のリーダーとして世界で戦うためには仕事の能力だけでなく、教養も必須であり、読書はこうした教養を獲得するための最も手軽で安価なツールです。

二つめは論理性の獲得です。

最近ではネットで検索すれば、たいていの情報は手に入れることができますが、そこで得られる情報はある種の「つまみ食い」のようなものであり、ものごとを背景を含めてきちんと理解し、系統立てて考えるためにも本を読むことは最も優れた方法の一つといえます。

三つめの効用は自説の確認です。

たとえば、「こういう製品を開発したい」と思い、それを進めるかどうか考えている時には、それを裏付ける情報がどれだけあるかを知るために本を読むのです。その結果、自分の考えに近いものが多ければ、自信を持って計画を進めることができます。反対に、いくら探しても肯定してくれるどころか、否定する本しか見つからなければ、自分の考えのどこに問題があるのかを論理的に考えて、今後に生かしていくというのが私の読書法の一つです。

丸投げが混乱を招く

私の読書法は最初に自分の考えがあり、本を読むことでその正しさを確認するものですが、こうしたやり方は外部のコンサルタントを依頼する場合にも大切な心構えとなってきます。

日本ではコンサルタントに依頼したにもかかわらず失敗するケースが多いのですが、その理由は日本の経営者自身に「こうしたい」という確固たる考えがないままに、「どうしたらいいか」をコンサルタントに「丸投げ」するためです。

アメリカの経営者は、自分が何をやりたいのかという明確な考えを持っていて、そこに「根拠と防御と自信」をつけるために外部の権威あるコンサルタントを利用します。

つまり、アメリカの経営者がコンサルタントによって自分のやりたいことを「肯定」してもらおうとするのに対し、日本の経営者は確たる考えもないままに、考えることを含めてコンサルタントに丸投げしてしまうため、大きな失敗をしてしまうことがあるのです。

コンサルタントというのは、優れた分析や評価はできますが、企業の経営ができるわけではありません。もし優れた経営手腕があるのなら、コンサルタントではなく、経営者として腕を振るっているのではないでしょうか。

大切なのはコンサルタントを依頼する側に「こうしたい」という意思があるということです。そのうえでコンサルタントに依頼して、肯定をしてもらえば自信を持って進むことができますし、もし否定をされたなら、その理由を論理的に考えて、「やめる」という決断をすればいいのです。

あるベンチャー企業の若手経営者は何か新しいアイデアを思いついた時には、まず、「肯定的な意見」をいってくれそうな人に話を聞いてもらうそうです。自分のアイデアにそれなりの自信は持っていても、もし最初に話した相手から「そんなのできっこないよ」「それは無理だよ」と頭から否定されてしまうと、やはり心が折れそうになるというのです。

それよりも全面的にではなくても、ある程度そのアイデアの面白さを肯定し、「もっとこうしたらどうだ」と建設的な意見をいってくれる人であれば、前を向いて進むことができると話していました。

もちろん一つのアイデアには肯定も否定もあり、みんなが賛成してくれるほうが珍しいのですが、自分が迷っている時には「肯定」してくれる本や人に出会えると自信になりますし、よりよいものにしようという元気も湧いてきます。

本の読み方はさまざまですが、このように自分の考えを確認するために読書するのも面白いのではないでしょうか。但し、前提になるのは「自分の考え」であり、考えなしにすべてを「なるほど」と納得してしまうと、かえって生き方や考え方がふらつくことにもなりますので注意も必要です。

何事もそうですが、誰かに丸投げしても何も得られません。定年後の生き方を指南してくれる本もいろいろありますから、自分なりの考えを持ったうえで読むと、たくさんの示唆が得られます。けれども、自分の考えなしに読んでしまうと、そこには混乱や焦りだけが生まれることになります。

調べられることはすべて調べたい

自分の目と耳で調べながら読む

本を読むというと、部屋にこもってとか、机の前に座ってといった静的なイメージがありますが、私にとって「本を読む」ことは、それだけでなく、「疑問に感じたことを参考資料などをあたってとことん調べる」ことであり、時には「現地に赴いて自分の目で確認する」ことでもあるのです。

こうしたやり方は私の幼い頃からの習慣で、高校時代に田山花袋《たやまかたい》の『田舎教師』（新潮社）という小説を読んだ時には、主人公の林清三が苦い青春時代を送った埼玉県羽生《はにゅう》市を訪ね、街を歩きながら主人公がなぜあのように考え、あのような行動を取ったのかに思いをはせたものです。

もちろんすべての本でこうした読み方をするわけではありませんが、「しっかり読もう」という本に出会った時は「読む」「調べる」「見に行く」を実践することで、本の世界に深く入り込むようにしています。

こうした「読む」だけではなく、「経験をしたい」「知りたい」というのが私の読書法の一つですが、この「調べられることはすべて調べる」というやり方は本を読む時だけでなく、仕事をするうえでも大いに役立ちました。

キヤノン時代、私は多くの人の面接をして、引き抜きも行いました。ある時、東工大の大学院を出た人が中途採用に応募してきました。誰もが優秀と認める人材でしたが、少し生意気な態度や話しぶりが鼻につき、みんなが「不採用」と決めました。

そのことを社長の山路さんに報告したところ、山路さんからこんな言葉が返ってきました。

「それで、その人と君と比べて、どっちが生意気ですか？」

一瞬、言葉をなくしましたが、たしかにわが身と比べてみると、当時の自分のほうが生意気に思えました。

「私のほうが多分、倍くらい生意気です」と答えると、山路さんは「だったら、どうして採用しないんですか？」といって、「人間を生意気だなんて、うわべの印象だけで判断すると大きな失敗をしますよ」と直接大学に行って調べるようにアドバイスをしてくれました。

たしかに東工大は会社のすぐ近くです。大学院で論文の指導をした先生も分かっているわけですから、見た目だけで判断するのではなく、直接、大学へ行って本当はどういう人なのかをしっかりと調べればいいだけのことなのです。

電車でわずか10分の道すがら、私は「あんな生意気なやつ、どうせロクな評判はないだろう」と自分の目を信じ込んでいましたが、実際に大学に行って話を聞いたところ、私や私たちの面接での印象とはまるで違う評価を聞くことになりました。

大学で話を聞いた人のすべてが「少し口は悪いが、情に厚く、友だち思いのとてもいいやつ」と評したのです。わが身の愚かさを恥じた私が結果を伝えると、山路さんはこういいました。

「やっぱりね。だからいったでしょ。ものごとっていうのは、うわべだけで判断しちゃいけないって。調べられる範囲のことは、ちゃんとやらないとダメなんです」

山路さんは私がキヤノンに応募した際にも、私を食事に誘って話をしてくれました。どんなに生意気なことをいっていても、「人間はうわべだけで評価してはいけない」ということを山路さんは当時からよく知っていたのです。

予断と偏見は人の目を曇らせます。以来、「彼は○○だ」式の評価を無批判に信じ込むのではなく、自分の目と耳で確かめてこそ正しい判断ができる、というのが私の信条になりました。

本をきっかけにした旅

私の読書術もこうした考え方ととてもよく似ています。１冊の本を読むためには私自身、調べられることは全部調べたいと考えていますし、「もっと知りたい」と思ったなら、可能な限り現地に行って、自分の目で確認して、自分の耳で話を聞きたいと思っています。

『田舎教師』も『坂の上の雲』（文藝春秋）も、本を読み、参考文献を読むだけでは分からなかったことが、現地に行ってさまざまなものを実際に見れば、「なるほど」と腹で理解することができるのです。

本を読むことは私たちにたくさんのことを教えてくれます。新しい知識もあれば、素晴らしい表現との出会いもありますが、そこから一歩進んで、参考文献に目を通すことでさらに知識の幅は広がり、現地に行くことでたくさんの気づきを得ることができます。

初めてその本を読んだ時の感想と、調べ尽くしたあとで読む本の感想は大きく違ってくるかもしれません。

定年を迎え、「旅行でもしようかな」と考える人は、若い頃に読んだ本の中に心に残る風景などがあれば、その場所を訪ねてみてはいかがでしょうか。名所旧跡を訪ねる旅も素晴らしいものですが、1冊の本がきっかけとなって始まる旅もまた楽しいものです。

定年になってたくさんの本を読むのも一つのやり方ですが、1冊の本を調べ尽くし、歩き尽くしてとことん味わい尽くすというのもとても楽しいものです。

本に指南書は不要。好きな本を読めばいい

指示されて読むだけならつまらない

書店に行けば「定年後に読みたい百冊の本」といった類いの本が並び、雑誌でもたまに「著名人が勧める百冊の本」などの特集でたくさんの本を紹介していることがあります。中を見れば各界の有名人が過去に読んで感銘を受けた本や、「これはいい本だな」と思える本がずらりと並んでいます。

これまであまり読書をしてこなくて、「定年になったら読書でもするかなあ」と考えている人にとってはたしかに役に立つリストのようにも見えますが、私自身はこうしたリストの価値をほとんど評価していません。なぜかというと、誰かに指示されて読書することに疑問を感じているからです。

ビジネスパーソンの仕事のほとんどは会社や上司の指示を受けて行います。その際、一から十まですべて指示されるまま、いわれるがままの仕事をするのと、そこに自分なりの意思や考え、工夫が入った仕事をするのとではストレスの度合いや、やる気の度合いはずいぶんと違ってくるものです。

キヤノンに入社した当時、私はエリート社員ではありませんでしたから、同期や先輩に早く追いつこうと懸命に勉強をしました。化学の知識でも、経理の知識でも、これは自分に足りないと思えば、みんなが退社したあとも必死になって勉強をしました。

当時の最新の知識を身につけたいと、わざわざアメリカから専門書を取り寄せて勉強したこともあります。開発にいた時は、現場を知らなければよい設計はできないと考えて、代休を利用して工場に足を運び、現場の人たちの話を聞くことでさまざまなことを学ぶことができました。

こうした勉強は私の本来の業務ではありませんから、就業時間外の朝や夜、休日や代休を利用して行いました。これらを通常の業務と考えたなら、当時の私は普通の人の何倍も働いていたことになりますが、すべては「自分のための勉強」と考えていましたから、決して「しんどい」と感じたことはありませんでした。

では、もし同じことを上司に指示されてやったとしたらどうでしょうか。おそらくは何のためにこんな本を読まなければならないのか、何のために現場に行かなければならないのかという理由も分からず、ただただ難行苦行となり、「こんなしんどい思いをするならやめてしまおうか」と思ったかもしれません。

本の読み方、好みは人それぞれ

キヤノンには伝統的に「三自の精神」というのがあります。

「三自」というのは、「自覚、自発、自治」のことで、「社員は、自分の立場や役割を自覚し、何事にも進んで行動し、自分のことは自分で管理すべし」という意味です。

一言でいえば、「自分で考えてやりなさい」ということです。

つまり、仕事をやるにしても、上司からいわれたことしかやらない人間ではなく、自分の頭で考えて上司から指示されたこと以上のことをしなさい、というのがキヤノンの「三自の精神」です。

そうすることで、仕事は「いわれてやる」とか「やらされている」ものではなく、「自分で考えてやる」もの、つまり「自分の仕事」になっていくのです。

「自分の仕事」である以上、そこには自分なりのたくさんの工夫が生まれますし、「何としてもやり遂げよう」という責任感も生まれます。そのためには時には時間を忘れて働くこともあるかもしれませんが、たとえ同じ時間外の労働であっても、「いわれてやる」つらい残業ではなく、「自らやる」やりがいのあるものとなるのです。

仕事でさえこのように「いわれてやる仕事」と「自ら考えてやる仕事」の間には大きな違いがあるのですから、ましてや定年を迎えて自分の自由な時間ができた時の読書であればなおさら「自分で考えて読む」ことが大切なのではないでしょうか。

読書にすべての指南書が不要というわけではありません。たとえば、古今東西の名作と呼ばれる小説などは、一つの教養、常識として読むことをお勧めします。しかし、それ以外の本に関しては自分が本当に読みたい本を読むのが最もよい読み方といえます。

本の読み方が人さまざまであるように、本の好みも人さまざまです。誰かから「これが面白いよ」と勧められた本がいつも面白いとは限りませんし、反対のケースもあります。

「仕事は自分でつくれ」が私の信条ですが、同様に趣味も読書も「自分で決めれ」ばいいのです。「定年後に読むべき本」という決めごとはありません。本屋に行って、実際に本を手に取ってぱらぱらとめくり、「これがいいな」と感じた本がその人にとっての最も読みたい本なのです。

マンガも本の世界に入るきっかけになる

マンガの面白さを知る

私は幼い頃からたくさんの本を読んできましたし、今も読み続けていますが、そんな私が読んできた本の中にはたくさんのマンガも含まれています。

そういうと、「何だ、マンガか」と思う人もいるかもしれませんが、私自身はキヤノン時代から部下にこんなことをいってきました。

「マンガを面白いと思って読めなくなったら、それは脳が柔軟性をなくして硬化している証拠だ」

そして『少年ジャンプ』（集英社）や『少年マガジン』（講談社）など毎週10誌ほどのマンガ雑誌を買っては部下に読ませていました。

私は両親の影響もあって幼い頃から本を読んでいましたが、小説以上に熱中したのはマンガで、手塚治虫《おさむ》や山川惣治《そうじ》（代表作『少年ケニヤ』）などのマンガを読んでは、一生懸命真似をして描いていたものです。

小学生の頃から絵が好きで、いろいろな展覧会などで受賞したこともあり、漫画家を目指した時期があります。実際、少年雑誌に投稿して何度か掲載されましたが、高校生の頃に「絵にしろ、ストーリーにしろ、やはりプロにはかなわない。所詮、俺のは物真似だ」と悟って諦めました。

今思えば、マンガだけでなく、製品づくりでも本当に優れたものを徹底的に真似をした先に独創性が生まれてくるだけに、漫画家には懸命に真似をする時代も必要だったのかもしれません。しかし、当時は圧倒的な才能を見せる漫画家たちを見て、「自分には無理だ」と思い込んでしまったのです。

それだけに、もし当時、誰かが「もっとがんばれ」と背中を押してくれていたら、違った人生があったのかもしれませんが、私がマンガに夢中になっていた1

950年代といえば、私の両親をはじめ多くの大人たちがマンガを毛嫌いしていましたから、もし「漫画家になりたい」などと言い出したなら勘当ものだったかもしれません。

結果、漫画家への道は諦めたものの、マンガを読むことは決して諦めませんでした。仕事に必要な専門書や趣味としての書籍も変わらず読み続けていましたが、就職してからもマンガ週刊誌は何冊か読み続け、本屋で立ち読みをして「これは面白いな」と思ったマンガは購入して読むようにしています。

たかがマンガ、されどマンガ

もちろんマンガの読み方は年齢とともに変わってはきます。

20代の頃、30歳くらいまではマンガを読んで素直に笑うことができますが、30歳を過ぎると徐々にストーリー重視になってくるようです。

世の中にはいまだにマンガを軽視して毛嫌いする人もいますが、私自身はマンガだって結構勉強になると思っています。それどころかマンガをきっかけにして素晴らしい本に出会い、仕事や人生の大切な教訓を得ることもよくあります。

私の好きなマンガの一つに『神の雫《しずく》』（作／亜樹直、画／オキモト・シュウ、講談社）があります。ワインに関する優れた才能を持つ主人公・神咲《かんざき》雫が世界的なワイン評論家だった今は亡き父親の選んだ12本の偉大なワイン「十二使徒」と、その頂点に立つ「神の雫」と呼ばれる幻のワインを探す物語です。

優れたワインは単に値段が高いから、ブランドだからという理由で決まるのではなく、その年の天候やぶどう畑の状態、そしてつくり手の哲学によって決まるという考え方に基づいて描かれたマンガで、ワインブームの火付け役、ワインマンガの最高傑作とも評される作品です。

私はこのマンガをきっかけにして1冊の本と出会いました。『パリスの審判カリフォルニア・ワインVSフランス・ワイン』（著／ジョージ・M・テイバー、日経BP社）という本です。

この本には、1976年にパリで開かれたフランス・ワインと、当時はほとんど無名だったカリフォルニア・ワインの比較試飲品評会の様子が描かれています。最も興味深かったのは、有名な審査員たちが「フランス・ワイン＝おいしい」「カリフォルニア・ワイン＝まずい」という思い込みから、「このおいしいワインこそフランス・ワインだ」と高得点をつけたところ、実はそれがカリフォルニア・ワインで慌てふためいたというくだりです。結果は赤・白ともにカリフォルニア・ワインの勝利となりましたが、この話を知って以来、私は「思い込みは人の目を曇らせ、判断を誤らせる」と改めて痛感、折に触れ再読しては固定観念の怖さを確認しています。

一つの小説がたくさんの参考資料を使って書かれるように、マンガも膨大な資料をベースにして描かれています。「たかがマンガ」と思いがちですが、「たかがマンガ」を描くために作者がどれほどの資料を調べ、どれほどの苦労をしているかを知れば、「たかがマンガ」などということはできません。

『神の雫』のように1冊のマンガがきっかけになってたくさんのことを知り、学ぶこともできます。マンガも勉強になりますし、マンガを読むことで活字に興味を持ち、そこから小説や伝記、科学やスポーツの世界へと関心を広げていくこともできるのです。

私自身が子ども時代、マンガを読み、そして小説に関心を持っただけに、孫にもマンガを買い与えることがよくあります。きっかけは小説でもマンガでも何でもいいのです。そこから活字に親しむようになり、あるいはさまざまなことに興味を持つようになってくれれば、マンガほど素晴らしい水先案内人はありません。

一生マンガしか読まないようでは困りますが、マンガも読み方次第では人を本好きにしたり、何かに夢中になれる人間をつくる手助けになるのです。

年齢を重ね、「今さらマンガなんか」と思っている人がいたとしたら、本屋でマンガ雑誌やマンガ本を手に取り、ぱらぱらとめくってみてください。きっと「これはすごいや」というマンガとの出会いがあるはずです。

名著から時代を超えた真理を学ぶ

自信のない交渉は必ず負ける

本の読み方は年齢によって、また立場によってもずいぶんと変わってくるものです。若い頃には、「なかなか面白いな」くらいの感想しか持たなかった本も、経営者になって読み返してみると、そこにビジネスに勝ち抜くためのさまざまなヒントが見つかって驚くことがあります。

たとえば、カール・フォン・クラウゼヴィッツの『戦争論』(中央公論新社)はその代表格で、キヤノン電子の社長となった今では、「これぞビジネスの教科書だ」というほど高く評価しています。理由はこうです。

キヤノン電子は秩父地方でキヤノン販売(現・キヤノンマーケティングジャパ

ン）の代理店としてコピー機などを販売していますが、私が社長になる前はそのシェアは20％を切っていました。しかし、『戦争論』に書いてあることを実践したことで、わずか数年でそのシェアを80％に伸ばすことができたのです。

ビジネスは「戦争」です。事前にしっかりと準備をして、たくさん情報を集めたほうがたいてい勝つことができます。交渉事であれば、事前の情報戦をどちらが制するかで勝敗は決まってきます。

その点、山路さんは事前情報の達人でした。その日のうちに起きた出来事をノートに書き写し、きちんと整理していました。たとえば、海外出張で有力企業のトップや幹部に面談すると、その内容を詳細に記録、こうした人たちの来日が決まると、記録を読み返して必要な情報をインプットしていました。

そのうえで相手を出迎えるわけですから、とてもフレンドリーな雰囲気で交渉ができるのを見て、「うまいなあ」と惚《ほ》れ惚《ぼ》れしたものでした。

交渉事では準備不足で自信のない交渉は必ず負けます。相手が一の準備をするのなら、こちらは五の準備をして、勝てる段階になって初めて交渉のテーブルにつくものなのです。

若い頃に読んだ本を読み返してみる

こうした交渉事の基本を押さえ、かつ「営業は総力戦」といったやり方を徹底したことが短期間でのシェア拡大につながりました。

どのような手を打ったのかといえば、シェア拡大というと普通は営業担当を増やすところですが、あえて減らしました。営業成績は優秀な上位の営業担当が支えていることから、成績上位の営業担当だけを残したことで、かえって全体のモチベーションがアップしました。

そして、営業のやり方も変えました。秩父地方は広く東西に長いため、効率を考えずに移動をすれば1日に訪問できる件数は限られてしまいます。ですから、移動の段取りをよく考えて、効率的な営業を行うように指導したうえで、従来の飛び込み主体から紹介セールスに移行したのです。

秩父はキヤノン電子の本社と工場がある、いわば膝元です。キヤノン電子の関係者を全部集めると、その人脈は膨大です。そこで、営業担当だけでなく、一般社員にも呼び掛けて人脈を最大限に活用するようにしました。

さらにキヤノン電子の取引先はもちろん、キヤノングループの力まで利用すれば膨大な人脈になります。営業というのは最後は総力戦です。キヤノングループの全事業所・全工場の力を結集すれば勝利することができるのです。

もちろんそれに先立って交渉相手について徹底して調べることも行いました。交渉事は相手のことをどれだけ知っているかで決まります。より精度の高い情報を、どれだけたくさん持っているかで交渉する前から勝負は決まっているのです。

こうした活動を全社挙げて徹底的に行ったところ、20%にも届かなかったシェアが80%を超えるまでになりました。

もちろんこうしたことのすべてが『戦争論』に書いてあるわけではありません

が、しっかりと問題意識を持って読めば、近代戦争について分析した名著『戦争論』から勝つためのヒントを得ることができます。

こうした経験から、どうせ本を読むのなら名著と呼ばれている本を読むことをお勧めします。時代を超えてたくさんの人に読まれてきた名著には、時代を超えた真理が詰まっています。だからこそ、名著は何度読み返しても面白いし、読むたびに新しい発見に出会うことができるのです。

若い頃に読んだ本を「あれはもう読んだから」とそのままにするのはあまりにもったいない気がします。過去に読んだ本も年を経た今読み返すと、そこには新たな発見や気づきがあるかもしれません。

「定年になったら本を読もう」と考えている人は新しい本を探すだけでなく、過去に読んだ本にももう一度目を向けてみてはいかがでしょうか。

自分の生き方を決めた本との出会い

本から学んだ高潔な生き方

私は栃木県の農家の生まれで、中学高校時代は学校から帰ると家の手伝いが待っていました。「家の手伝いは当たり前」の時代でしたが、たまにさぼりたい時は本屋で立ち読みをしてから帰ったものです。

私が本を読んでいれば喜んでくれる、そんな両親でしたから子ども時代から自ずとたくさんの本を読むことになりましたが、その中には私の人生を決めたといえるほどの本もあります。

それはキヤノンに入社して3年目に出会った『落日燃ゆ』（著／城山三郎、新潮社）です。その後、何回も読み返していますから実に50年間にわたって読み続け、そして影響を受け続けている本ということができます。

私はキヤノン時代、多くの部署や仕事を経験しました。カメラの設計や複写機の設計、ソフトウェア部隊の立ち上げや、国内外の工場の建設や研究所の立ち上げ、調達部門、特許関連の仕事や生産本部長など、おそらくキヤノンで私ほど異動を経験した人間はそうはいないと思います。

しかも、その多くは赤字部門でした。

同僚からはよく、「あいつ、また貧乏くじを引かされたな」と同情もされましたが、私自身は不平不満を持ったことはほとんどなく、どこへ異動になっても「その部署、分野で第一人者になろう」とやる気が湧いたものです。

こうした私の考え方のバックボーンになったのが『落日燃ゆ』の主人公・広田弘毅《こうき》氏の生き方でした。

テレビドラマにもなったのでご存知の方もいらっしゃるかと思いますが、広田氏は外交官を経て第32代の総理となり、のちに外相も務めた政治家ですが、第二次世界大戦後の東京裁判で絞首刑を宣告された七人のA級戦犯の一人です。ほかの六人が軍人であるのに対し、広田氏はただ一人の文官であり、むしろ何とか戦争という最悪の事態を回避しようと努めた人物だけに、絞首刑の判決に対してはキーナン主席検事が「何というバカげた判決か」と嘆いたといわれるほどの人物です。

私が広田氏に惹《ひ》かれたのは、栄誉や恩賞を強く求める立身出世主義とは無縁で無欲な生き方を貫き、不当な判決に対しても一切の自己弁護を行わなかった潔さ、高潔さに感銘を受けたからです。

官僚の世界に身を投じた人間なら誰しも立身出世を強く願うものです。そして出世のためにはライバルを蹴落とし、上司の覚えをよくしようと必死になるものです。しかし、広田氏は外交官時代にも省内の派閥や人脈などを気にすることなく、時に閑職に追いやられてもどこ吹く風と受け流し、自分の役目を果たしています。

そんな広田氏が政治の表舞台に立つことになったのは満州事変や国際連盟脱退など日本が戦争へとまっしぐらに進む時代です。国内でも二・二六事件などによって軍部の力が一気に強まっていく中、広田氏は首相として、外相として軍部の暴走を止めるべく難しいかじ取りを任されることになりますが、不幸にして日本は第二次世界大戦へと突入することになったのです。

戦争を推進したのではなく、むしろ止めようとしただけに広田氏は自己を弁護することもできましたが、自分の行ったことはあとの人に判断してもらい、弁解めいたことはしないという考えのもと、絞首刑の判決を甘んじて受けています。

信念を貫けば、応援してくれる人が必ず現れる

この本に出会った頃、私の周りには上司に取り入るのが上手なちょうちん持ちがいました。実際、彼は上司からは高い評価を得ていましたが、広田氏の生き方に感銘を受けた私はたとえ上司の不評を買ったとしても、自分の意思を貫く生き

方をしようと心に決めました。

たとえちょうちん持ちよりも低い評価しか得られなかったとしても、自分の意思、意見を大切にしながら全力で仕事に取り組み、はたして出世できるかどうかはのちの評価というか、上司に任せるほかはないと割り切りました。

その結果がたくさんの部署への異動や、赤字部門への転勤だったかどうかははっきりしませんが、周りから見るとたしかにいつも「貧乏くじ」を引いていると見えたのかもしれません。

ゼロからの立ち上げや赤字部門への異動はほとんどの人が敬遠しますが、私自身は花形部署が成功して当たり前なのに対し、「貧乏くじ」のほうはやりがいもあるし、成功すれば「あいつはやるな」と評価されると楽観的に考えていました。

こうした考えから、無理に上にこびることなく自分の意思を貫く生き方をしていた頃、システムセンターをつくりたいという私の提案書が副社長の鈴川溥《すずかわひろし》さんの目に留まり、山路さんが所長、私が副所長という形で約300人のスタッフを抱える新しいセンターづくりを任されたこともあります。

企業で働いていれば、時に信念を貫くか、信念を曲げるかという二者択一を迫られることもありますが、欲を捨て信念を貫いていると、必ず応援してくれる人が現れるものです。

私はこれまで『落日燃ゆ』を何度も読み返していますが、その度に欲を捨て己の信念を貫く生き方の正しさを再確認しています。

本の読み方は人によってさまざまです。読んだ本のすべてが人生に大きな影響を与えるわけではありませんが、私自身はこうした本に何冊も出会い、そしてその本を生き方の指針とすることで満足のいく人生を送ることができたと考えています。

1冊の本を通して人はたくさんのことを学び、そして生きる力を得ることができるのです。

読者ではなく実践者になる

会議室から椅子をなくす

私のビジネスパーソン人生において影響を受けた本は何冊もありますが、その中の1冊にピーター・ドラッカーの『経営の適格者』（日本経営出版会）があります。

私がキヤノンに入社して初めて給与を手にした時に、記念に買った本です。ドラッカーの本はほかにも何冊も出版されており、私自身、それらの本にも目を通しましたが、座右の書として折に触れて読み返してきたのが『経営の適格者』です。

この本は線を引きながら数え切れないほど読み直し、まさにボロボロになるまで何度も読んでいますが、今でも何か迷った時にはこの本を開いて読むようにしています。

それだけでも私がこの本にいかに感銘を受けたかが理解いただけると思いますが、私の自負はドラッカーを「読む」だけではなく、それを経営の場で「実践」してきたことです。

ドラッカーの本の多くは世界的ベストセラーだけに、日本だけでなく、世界中で読まれていますが、そのうちどれだけの人が「実践」したかというと、案外と少ないのではないでしょうか。

私はキヤノンの役員になった時、「あなたの教え通り仕事をしてきて、キヤノンという会社で役員になることができました。つきましては、お目にかかる機会を頂戴できないでしょうか」とドラッカーに手紙を書き、アメリカ出張の際に1度だけお目にかかったことがあります。

ドラッカーの本は「読む」だけでなく、「実践」すればたしかに成果を挙げることができるのです。いろいろと実践した中で、非常に効果を発揮したものの一つに会議室から椅子を撤去して、会議時間を大幅に短縮した事例があります。ドラッカーは「不毛な会議」は時間のムダ以外の何物でもないとして、次のように批判しています。

「会議は原則ではなく例外にしなければならない。みなが会議をしている組織は何事もなしえない組織である。時間の四分の一以上が会議に費やされているならば、組織構造に欠陥があると見てよい。会議が時間の多くを要求するようになってはならない」

今の時代、時間は最も貴重な資源の一つといえるのではないでしょうか。にもかかわらず、会議のための会議や、長いだけで中身のない会議はまったくのムダといえます。

では、私が社長に就任した当時のキヤノン電子はといえば、重要な経営戦略を話し合う経営会議は、丸2日、延べ16時間もかかっていました。朝8時から夕方

5時まで、昼食をはさんで8時間、これが2日も続くのです。

当時のキヤノン電子は利益率が極めて低い企業でしたが、こんな非生産的な会議をやっていたこともその一因なのかもしれません。まさにドラッカーの指摘通りでした。

そこで、若い社員の提案で「立ち会議」を行うようになりました。立ち会議用の脚の長いテーブルは社員の手づくりで用意しました。

椅子をなくすと、いつまでも立っているのは嫌なので、自ずと議論は活発になります。椅子がないので、居眠りすることもできません。結果、経営会議の時間は16時間から4～6時間に短縮、誰もが活発に議論するようにもなりました。

そして今、社内の会議は基本的にすべて立ち会議となっていますが、議論が活発化したお陰で、会議の時間は短くなっても、かえって社内のコミュニケーションはよくなり、決定のスピードも上がることになりました。

「これはいい」と思ったら、すぐにやってみる

ほかにも会議に関する改善をいくつも行うことで、キヤノン電子から「ムダな会議」はなくなり、必要かつ効果的な会議が行われることになったのです。

これは一例ですが、このように私はドラッカーの本を読んで、「なるほどな」「これはいい」と思ったものは可能な限り実行に移すようにしています。

ゼネラル・エレクトリック社の伝説のＣＥＯ（最高経営責任者）ジャック・ウェルチが「競争に勝つための究極の武器は、学習する能力と、学習したことを素早く取り入れて行動に移す能力だ」と話していましたが、私にとってドラッカーの教えは「学習」であると同時に、「行動に移すべきもの」でした。

『経営の適格者』を読み、感銘を受けたことは実際に経営に取り入れてみることを繰り返した結果、私はキヤノンの役員になり、そしてキヤノン電子の社長として会社を高収益企業へと変身させることもできました。

世の中には私以上にドラッカーの本を読み、詳しい人もいるはずですが、経営の現場で実践したという点では、私は読者であり、実践者であるといえるかもしれません。これも本の読み方の一つです。

「これはいい」と思ったことはやってみることです。読んで「これはいい」と思うだけで終わってはあまりにもったいない話です。大切なのは「知っている」ではなく、「やっている」かどうかです。本を読む時、あるいは話を聞く時、私たちはつい「知っている」ですべてを理解した気になりがちですが、それでは本を完全に生かしたとはいえません。

本を読む時には「知っている」ではなく、「自分はそれをやっているか」と自問してみることです。「読む」に「やってみる」をプラスすると、それだけで本の持つ価値は何倍にもなるのです。

作者と同じ知識を持ちたい

本文だけでなく、参考文献も読む

本の読み方は人さまざまです。私はどちらかといえば濫読派で、本を読むのはかなり速いほうだと自負していますが、「この本はしっかり読もう」という本に出会った時はたっぷりと時間をかけて読むことにしています。

なぜ時間をかけるのかというと、本の内容をしっかりと理解して、その本の世界に入り込むために「作者と同じ知識を持ちたい」と考えるからです。

たとえば、110ページでも触れた司馬遼太郎氏の『坂の上の雲』という作品があります。長く映像化は不可能といわれていたにもかかわらず、NHKが2009年から3年がかりでドラマ化をしました。たっぷりと時間とお金をかけて生まれたその圧倒的な映像に多くの人が感動したものです。

『坂の上の雲』の素晴らしさは江戸から明治へと国の形が大きく変わった日本という国で西洋列強に追いつこうと懸命に努力する明治の日本人の生き様を見事に描き切ったところにあります。

主役はあくまでも秋山好古《よしふる》（日本陸軍・騎兵の父）、秋山真之《さねゆき》（日本海軍連合艦隊・参謀）兄弟と、真之の友人である正岡子規（近代俳句の父）ですが、そこには有名無名を問わず実にたくさんの明治人たちが登場します。そんな一人一人が日本人としての誇りを胸に、新しい日本をつくろうと必死に戦う姿には胸を打たれるものがあります。

明治の開花期から日清戦争、日露戦争などを描く長編小説であり、単行本で全6巻、文庫本で全8巻という大作です。読み切るのも大変ですが、これほどの大作を書き上げるための司馬氏のご苦労は大変なものだったはずです。

司馬氏と親交があり、『坂の上の雲』の執筆中に司馬氏から何度も電話や手紙で当時の日本海軍の実情などについて質問を受けたという池田清氏（元海軍中尉、のち東北大学教授など）によると、訪問した司馬氏の自宅は、書斎はもとより、玄関土間の両側にまで山のように海軍関係の資料が積み上げられ、そのほとんどは元海軍軍人で、海軍史に詳しい池田氏でさえ脱帽するほどのものだったといいます。

一つの作品が生まれるためには作家はこれほどの下調べを行い、そして努力を重ねるものなのです。

だからこそ私も「この本はしっかり読もう」という本に出会った時は、その作品の巻末などに載っている参考文献の欄をチェックして、入手できる本はすべて入手してしまいます。そして柱の本を精読しつつ、参考文献も同時に読み進めるようにしています。

なぜこうした読み方をするかというと、作者は参考文献を読んで自らの考えを構築して、本を書いているわけですから、読者である私自身も参考文献を読むことで、いわば作者と同じ体験をしていることになります。

ここまでやると作者が参考文献からどのような影響を受け、どのように解釈をしたのかが分かるようになり、「本の行間」を読むことができます。

『坂の上の雲』に関しても、司馬氏が目を通されたすべての資料を読むことなど不可能ですが、参考文献として紹介されていたうちの30冊の本に目を通していたことで、完読までに1年半と時間はかかりましたが、かなり深く読み込むことができました。

疑問があれば、自分の目で確かめる

それでも作品を読み進めるうちに、「作者はなぜこう考えたのだろう?」「どうしてこのような描写をしたのだろう?」と疑問に思うこともあります。そんな時には機会があれば、実際に現地に行って自分の目で確かめるようにしています。

たとえば、『坂の上の雲』における山場の一つ、日露戦争での二百三高地の描写はすさまじいものですが、私は本を読んだだけではなぜ司馬氏があれほどに二百三高地での戦術を批判するのかが理解できませんでした。

しかし、現地に行くとなぜ司馬氏があのような描写をしたのか、なぜあれほどの死者が出ることになったのかがよく分かりました。たしかにあの地形を見れば、当時の戦法の愚かさが理解できます。

読書のいいところの一つは、自分では経験できないような疑似体験をさせてくれることです。そして疑似体験を通して自分を成長させてくれることですが、そのためには「本の世界に入り込んで」「作者と同じような知識を持って」しっかりと読み込むことが必要なのです。

仕事を離れて時間ができて、「読書でもしようか」と考えている人は、本の読み方を少し変えて、より深く読み込んでみると、これまでと違う体験や発見があるはずです。

第四章

「これからの人生に自分の居場所をつくる」

余生という時期はない

目の前のことに全力を尽くす

「私には　余生などないよ　これからぞ」は2017年7月に105歳でお亡くなりになった日野原重明《ひのはらしげあき》氏が104歳でお詠みになった俳句です。

日野原氏は医師として「生涯現役」を貫く一方で、本の執筆や講演、ミュージカルの演出など多方面で活躍されたことで知られています。2000年には「新老人の会」なども発足させ、老いてからの人生をますます豊かで実りあるものにしようと、トップランナーとしてまさに全力疾走の日々を続けられたことには心から感服します。

そんな日野原氏の生き方を見ていると、まさに「余生などない」のだと感じます。長く会社勤めをしていた人にとって、「定年後の人生」はどうしても「余生」と考えがちですが、私自身は「余生」などと考えることなく、常に「今」を全力で生きることが何より大切ではないかと思っています。

それは定年後に限らず、ビジネスパーソンとして働いている時も同じで、「今」を全力でやってこそ未来が開けてくるのです。

たとえば、将来の転職の武器、キャリアアップ、経営者教育、人脈の形成などを期待して、ＭＢＡ取得を目指す人がいます。そこにはＭＢＡを取得すれば、明るい未来が待っているという期待が込められています。

しかし、経営コンサルタントなどもそうですが、経営戦略やマーケティングなどの知識は、ビジネスパーソンや経営者として成功するためのツールではあっても、それを実践の場で使いこなせなければ何の意味もありません。

仕事も人生も、今を楽しむ

こうした経験からいえるのは、ＭＢＡ取得を出世や成功の近道と考えるのではなく、特に若いうちはどれだけ自分の仕事に夢中になれるか、どれだけ面白がれるかこそが大切なのです。

そのためには目の前の仕事に懸命に取り組むことです。いろいろな仕事や部署を回ることもいとわないことです。私はキヤノン時代、実に多くの部署や仕事を経験してきました。そして、異動先がどこであろうと、「その分野で第一人者になろう」と努力してきました。

阪急グループの創業者・小林一三《いちぞう》氏がこんなことをいっています。

「下足番を命じられたら、日本一の下足番になってみろ。そうしたら、誰も君を下足番にしておかぬ」

大切なのは将来の成功を夢見ることではなく、「今この時、この場所」で全力を尽くすことです。異動先がどこであれ、何事も夢中になってやれば、必ず自分のプラスになるし、やりがいも生まれてくるのです。そうすれば上司の信頼や成果も必ずついてきます。

将来の成功だけを夢見るのではなく、今を懸命にがんばること、それこそが成功への一番の近道なのです。

だからこそ私はキヤノン時代から懸命に勉強もしましたし、今やっている仕事に全力で取り組みました。そして旅行も趣味もしっかりと楽しむようにしました。ビジネスパーソンの中には「定年になったら」とたくさんの夢を描いている人もいらっしゃるかと思いますが、遠い将来を考えるのではなく、目の前のことをきちんとやることが何より大切です。

「私には　余生などないよ　これからぞ」は「これから」を生きる私たちみんなが心に刻みたい言葉の一つです。いつだって今日と明日をしっかり生きていれば、その人生は「余生」などない素晴らしい人生になるはずです。

かけた情けは水に流し、受けた恩は石に刻む

自分だけの「人脈マップ」をつくる

会社で仕事をするうえではもちろんのこと、仕事を離れてからも人と人の付き合いはとても大切なものです。

キヤノンの取手《とりで》工場の立ち上げにあたり、まだ30歳そこそこの私は工場のライン設計から発注の仕組みづくりまでゼロからすべてをやらせてもらうという貴重な経験をしました。その際、痛感したのが仕事は「会社対会社」ではなく、「人間対人間」であり、コミュニケーションや人間関係をしっかりと築くことでよい仕事ができるということでした。

たとえば、部品の注文にあたって、1回だけ発注すればそれですむかというと、

そうではありません。約束の期日までに確実に納品してもらうためには、こまめに電話をしたり、直接会って話をするといった日頃からの信頼関係づくりが必要です。そうした「会社対会社」を超えた「人間対人間」の関係があってこそ、「会社ではない、あなただからこの仕事を回すんです」といってもらえるようになるのです。

こうした関係は社内の仕事においても同様で、一流のエリートが100の能力を持つのに対し、70くらいの能力しかないことを自覚していた私は残りの30の能力を補うために自分専用の「技術人脈マップ」をつくっていました。

自分の苦手な分野だった機械、物理、化学、事業計画などについてカバーしてくれそうな人材を社内で探し出し、どの部署にどんな技術や能力を持った人がいるのかをリストにまとめたのです。

そして何か分からないことがあると、「お忙しいところすみませんが」と彼らに頭を下げて教えを請い、力をお借りしました。その代わり、私ができることは何でもやるようにすることで、彼らと少しずつ協力関係を築きました。

そんな日頃の積み重ねのお陰で、上司から何かプロジェクトを命じられた時にも、「この仕事には、物理に詳しい○○課のAさんと、機械に詳しい□□課のBさん、それに化学に精通した△△課のCさんの協力が不可欠です」とすぐに適任者をピックアップすることができました。

こうした人対人の縁を大切にしていると思わぬ時に役に立つものです。それは日本人に限ったことではありません。アメリカやオーストラリアで仕事をした時も、縁を大切にしていると、お互いに信頼関係が生まれ、難しい課題に直面した時など思わぬ助け船が得られるものなのです。

但し、ここで忘れてはならないのが決して「自分の得になるから」といった計算ずくで人と付き合ってはいけないということです。

私は幼い頃、母親の指導で四書五経などの素読を行いましたが、そこでよく母親にいわれたのは「情けは人のためならず」でした。

最近では「情けをかけることは相手のためにならないからやめなさい」と誤解して使われることもあるようですが、正しくは「情けをかけることは相手のためだけでなく、自分のためでもある」となります。

見返りを求めない

私自身はもう一歩進んで、信州上田の前山寺《ぜんさんじ》の参道にある石碑に刻まれた次のような言葉が気に入っています。

「かけた情けは水に流せ、受けた恩は石に刻め」

自分が誰かにかけた情けはきれいさっぱりと水に流し、人から受けた恩は石に刻むように生涯深く心に刻め、という意味です。

ところが、人はどちらかというと、受けた恩を水に流し、かけた情けを石に刻むところがあります。そして相手に対して、「あの時にこんなによくしてやったんだから、今度はあなたが返す番だ」と迫ったり、「あの時の恩を忘れたのか」

と、恩着せがましい考え方や物言いをするようになります。

こうした言い方をされた時、相手はどんな気持ちになるでしょうか。受けた恩を忘れたわけではないのに、折に触れて恩着せがましい言い方をされたのでは、恩を返そうという気持ちも薄れ、相手のことを嫌い、軽蔑するようになるかもしれません。

人に何かをする時は、絶対に見返りなど期待せず、今の自分にできる精いっぱいのことをやってあげて、そのことをさっさと忘れてしまうことです。

そんな人に対しては相手も決して感謝の気持ちを忘れることはありませんし、いつかよき縁となって返ってくることもあるのです。

会社を定年になった途端に孤独になる人がいますが、それは仕事における付き合いが「会社対会社」「役職対役職」でしかなく、「人間対人間」の付き合いが欠けていた結果です。

ビジネスはたしかに利害が関わることがほとんどですが、それでも本当に難しい仕事で最後にものをいうのは「人間対人間」のコミュニケーションであり、日頃からの信頼関係なのです。

こうして育まれた人間関係というのは、たとえ会社を離れたとしても、お互いの心の中にしっかりと受け継がれていきます。ましてや定年後に出会う人たちとの間では損得抜きの人間力が試されることになるはずです。

人と人の付き合いで心がけるべきは、かけた情けはきれいさっぱり水に流し、受けた恩だけ石に刻むように深く心に刻み込むことです。

この気持ちを忘れることなく生きていれば、仕事ではもちろんのこと、仕事を離れての人間関係においてもきっとよい関係を築くことができますし、よい縁を長く大切にすることができるのです。

人間関係の基本は「相手の身になって考える」こと

人間関係につまずいて仕事をやめる若者

新入社員の3割が3年で会社をやめるといわれて久しくなります。終身雇用が過去のものとなり、人材の流動化が進んでいる昨今では新入社員に限らず、会社を変わること自体は悪いことだとはまったく思っていません。けれども、気になるのはその「理由」です。

転職がやりがいのある仕事を求めてであれば喜ばしいことです。しかし、現実には転職の理由のうち最も多いのは「人間関係」だといわれています。あるいは、いろいろな理由を口にする人もその根底には「人間関係」への悩みがあるのではないでしょうか。

たしかに仕事は人と人が関わることで進むものですから、上司や同僚との人間関係がうまくいかなくなれば、仕事もうまくいかず、会社へ行くのも嫌になり、転職を考えたくなる気持ちも分からないではありません。けれども、「仕事」ではなく、「人間関係」につまずいて多くの若者が会社をやめるとすればとても残念なことです。

仕事に限らず、円滑な人間関係を築くうえで最も大切なのは「相手の身になって考える」ことです。これは「相手に無理に合わせる」とか「相手にこびる」という意味ではありません。自分の利益や都合を中心にして考えるのではなく、相手の身になって、想像力を働かせるという意味です。

私はキヤノンに入社した頃から「一つ上の立場になって考える」ことを大切にしてきました。そうすることで視野が広がり、たとえば「課長ならこうするのでは」と考えられるようになり、上司の指示を先読みできるようになりました。

あるいは、上司の立場に立って考えると、指示をしたことがどうなっているか部下の報告がないと不安になるということが分かりますから、自ずとこまめな報告を心がけるようになります。自分のことだけを考えていると気づかないことも、「相手の身になって」考えれば気づくことができ、それを心がけていれば人間関係でひどくつまずくことはなくなります。

女性の身になって考える

上司の身になって考えるように、男性であれば、女性の身になって考えることで意外な発見をすることもあります。

キヤノン電子の社長に就任した時、すべての社員のパソコンの操作履歴を分析したところ、「キヤノン電子で一番優秀」と評判の女性が、勤務時間の大半をパソコンで遊んでいることが発覚しました。

こうしたデータを見ると、たいていの場合は「遊んでいるのか」と叱るところですが、私はその前にこう尋ねてみました。

「なぜあなたのような優秀な社員が1日中、そんなことをしているのか」

するといと、彼女は泣きながらこう訴えました。

「私だってもっと仕事をしたいんです。でも仕事がないんです。私の仕事は、1時間もあれば終わってしまうんです」

つまり、彼女がパソコンを使って遊ぶようになったのは、上司が彼女の能力に見合った仕事を与えていないためでした。

こうしたことは優秀な女性にはよくあることです。彼女たちの多くは無能だから遊ぶのではなく、有能で与えられた仕事が短時間で終わってしまい、たくさんの空いた時間ができるから「遊ぶ」しかなくなってしまうのです。

いわば、上司が有能な女性を使いこなすことができず、彼女たちの能力と、与える仕事の量や質の間にミスマッチが起きているということです。

こうしたことは「その女性の身になって」考えない限り理解できません。能力があり、たくさんの仕事をしたいのに、やるべき仕事がないというのはつらいことで、それがたとえば遊びにつながったり、あるいは転職につながっていくのです。

大切なのは、自分の考えだけで相手を一方的に非難するのではなく、「相手の身になって」考えてみることです。「なぜこの人はこんなことをするのだろう」「なぜこの人はこんなことをいうのだろう」と考えれば、いろいろなことに気づくことができます。

その結果、遊んでいた有能な女性を有能な上司の下に置くと、女性社員の生産性が驚くほど向上し、遊ばなくなるということを私は経験しています。

相手の立場で考えることは、会社だけでなく、パートナーにとっても必要です。名前は忘れましたが、ある外国の著名人がこんなことをいっています。

「私たち夫族は配偶者に対して、愛していないからではなく、想像しないために罪を犯す」

夫婦の間でも常に想像力を働かせ、「相手の身になって」考える努力を積み重ねてこそ良好な関係を続けることができるのです。

定年を迎え、会社を離れた人にとっては「会社の外の人間関係」が重要になってきますが、やはりここでも求められるのは相手の身になって考えることです。新たな人間関係の構築には忍耐や努力が必要です。

「自分は企業での人間関係は良好だったよ」という人でも、仕事を離れ、立場を離れ、利害関係抜きの人間関係はまた別物です。いろいろな人と関わる社会だからこそ想像力を働かせ、「相手の身になって」考えてみることです。定年後の人間関係につまずかないためにも今一度想像力を働かせることをお勧めします。

すべての基本は「挨拶」にあり

たった一人が始めた挨拶運動

仕事でも家庭でも地域社会でも「豊かに生きる」ための基本は「挨拶」にあると考えています。明るく元気な挨拶ができない人は職場でも地域社会でも豊かな人間関係を築くことはできませんし、ましてや家庭で奥さんや子どもたちと楽しく過ごすことなどできるはずもありません。

私が社長としてキヤノン電子に着任してすぐに感じたのが、全社的なコミュニケーション不足でした。組織というのは人がいて、お金があればものができるというわけではありません。工場はもちろん職場で働く一人一人が心を通わせることで初めてみんなが協力でき、知恵も出るし、よいものをつくることができます。

お互いが挨拶もしない、心の通わない組織では気持ちを一つにした共同作業など望むべくもないのです。今の時代、設計一つとってもいくつもの部署の人間が関わっています。その際にお互いのコミュニケーションが取れていないと、つまらない設計ミスや不良品の発生につながるものです。

つまり、「挨拶をしない→コミュニケーション不足→不良品の発生」という悪循環に陥ることになってしまいます。

人によっては「たかが挨拶」と思うかもしれませんが、挨拶のない職場ほどものづくりにおいて怖いことはありません。

そこで、「なぜこの会社では挨拶をしないの?」と社員に問い続けました。

すると、ある日、キヤノン電子美里工場の管理部長が朝の挨拶をたった一人で始めたのです。毎朝、工場の正面玄関に立ち、出社してくる社員に向かって、「おはようございます」とひたすら頭を下げ、声をかけ続けたのです。

最初は、出社する社員のほとんどが「何をやっているんだ?」といぶかるばかりでした。誰も挨拶を返すことはなく、せいぜい小さく会釈をする程度でした。それでも管理部長は挨拶を返さない社員をとがめることもなく、毎日、朝の挨拶を続けました。

すると、少しずつ変化が起こりました。1カ月もすると、管理部長の姿を見るや、「おはようございます」と自分から声をかける社員が現れ、やがて誰もが元気よく挨拶をするようになったのです。

それでも古参の管理職の中には挨拶をしない人たちもいたので、私は彼らにこんなことをいいました。

「部下があんなに一生懸命に朝の挨拶をしているのに、あなた方は何で知らん顔ができるの？　やっぱり偉い人は違うねえ」

やがて一人が自発的に始めた朝の挨拶運動は、会社全体に広がり、社内の対人コミュニケーションを大きく変えることになりました。

キヤノン電子ではこうした心を通わせるコミュニケーションを「通心」と呼ん

でいます。人は朝、たったひと言「おはようございます」と挨拶を交わすだけでも心の垣根がずいぶんと低くなります。

挨拶は自分から

もし職場で何か問題が起きた時も、お互いに挨拶も交わさないような間柄なら「これは大丈夫かな？」「これはどうしたらいいんだろう？」などと相談することはできません。しかし、お互いの心の垣根が低ければ、「これを解決したいんだけど力を貸してくれないかな」と頼むこともできるでしょう。

職場における人と人の距離を近づけるのも遠ざけるのも、壁を高くするのもなくすのもすべては気軽に挨拶をするかどうかで決まってくるのです。

同じことが会社を離れた場所でもいえるのではないでしょうか。たとえば、定年後に地域社会に溶け込もうとボランティアに参加しようとした場合、日頃から挨拶を交わし、顔見知りになっていれば気軽に参加することができるでしょう。

しかし、それまでは挨拶もしないでいつも偉そうにしていたとしたら、はたして気持ちよく迎えてもらえるでしょうか。

大きな会社で管理職などをやっていた人の中には「挨拶をされる」ことが当然で、「挨拶をする」ことに慣れていない人がいますが、それでは心と心が通うことはありません。

定年になって会社を離れたからと付け焼き刃的に挨拶をするのではなく、普段から地域社会の人たちや同じマンションの人たちとは気軽な挨拶を心がけておくだけでも定年後の居場所はずいぶんと居心地のいいものになるはずです。

もっと大切なのが家庭での挨拶です。朝、起きた時にあなたは奥さんや子どもたちに元気よく挨拶をしているでしょうか。奥さんや子どもたちが「おはよう」と挨拶をしているにもかかわらず、「ああ」などと仏頂面で返事をしているようでは「家庭内コミュニケーション」がよいものになるはずがありません。

キヤノン電子の部長の話ではありませんが、たとえ奥さんや子どもたちが「おはよう」や「お帰りなさい」をいってくれなかったとしても、自分から大きな声で「おはよう」「ただいま」と挨拶をすればいいのです。

そんなあなたを見て、きっと奥さんや子どもたちも挨拶をするようになり、ぎくしゃくとした家庭の雰囲気は大きく変わるはずです。

まずは今日この瞬間から奥さんや子どもと、そして地域の人たちとしっかりと挨拶をすることから始めませんか。たとえ挨拶が返ってこなくても気にすることはありません。「あの人はいつも元気よく挨拶をしてくれる人だ」という、そんな印象こそが今だけでなく、会社を離れてからの豊かな人生につながっていくのです。

相手と向き合い、視線を合わせる

相手を知るためのノートづくり

私はマネジメントの基本は、「部下を知ること」から始まると考えています。新任の上司として新しい部署でいい仕事をするためには、部下のことをよく知っておくことが必要です。そこで私は、異動が決まると、まずは人事から新しい部下に関する情報をもらい、どういう経歴を持っているのか、どこに住んでいるのかといった基本的なことを頭に入れるようにしてきました。

キヤノン電子の社長として埼玉県の秩父《ちちぶ》市に赴任した際は、初めての土地ということもあり、部下の住んでいるあたりを自分の足で歩いてみました。

実際に街並みを歩いてみると、「なるほど、彼はこういうところで生まれ育ったのか」とリアルに感じられ、部下の人となりを理解するうえで大いに役に立ったものです。また、地元の人と知り合うこともできて、自然な会話の中でキヤノン電子のこと、そこで働く人のことも知ることができました。

最近では個人情報保護法の関係などもあり、こうした情報の管理も厳しくなっていますが、少なくとも課長以上の役職者であれば、「個人としての部下」に関心を持ち、可能な限り部下のことを知ろうと努力することが必要です。

私はキヤノン時代から部下や上司の人となりを知るためにいろいろなことを試みてきました。その一つが「観察ノート」です。

たとえば、上司に何か提案をする場合、上司が忙しくていらいらしていたり、問題を抱えて機嫌が悪い時に提案書を持って行っても機嫌を損ねるだけですが、上司の機嫌がよくて、部下の話に耳を傾ける余裕のある時なら、しっかりと提案書を見てもらうことができます。

そのためには日頃から上司の「人間観察」を行い、たとえば「月曜日の朝は低気圧のようだ」「軽やかに歩いている時は機嫌がいいが、下を向いて歩く時は機嫌が悪い」といったことをノートに書いておくだけで、上司とどう接すれば提案を通すことができるかも分かるようになってきます。

同様に部下の日頃の言動についても注意深く見るようにしていました。部下の観察では、言動はもちろんのこと、声や表情、歩く姿、特に帰り際の後ろ姿に注目しておくと、「悩み事があるのでは」「相当疲れているな」といったことにも気づくことができます。

仕事や人事に関するトラブルは、ある日突然起こることはほとんどありません。たいていの場合、「以前よりも怒りっぽくなった」とか、「遅刻をするようになった」といった前兆があり、それを見逃さなければ、問題が起きる前に手を打つことも可能になります。

孫子の兵法に「彼を知り己を知れば、百戦してあやうからず」とありますが、観察ノートを使って上司や部下のことを長く注意深く観察し続けていると、上司に対しても、部下一人一人に対してもどのように対応すればいいのかが自ずと分かるようになります。

コミュニケーションの鉄則とは

こうした日頃からの観察に加えて大切なのが、部下に話しかけられた時の対応の仕方です。部下の誰もが上司の機嫌を見ながら、グッドタイミングで話しかけるわけではありません。

中には会議や出張続きでデスクワークがたまっていて、やっと机に戻って仕事に取りかかろうとした時に、部下から「ちょっといいでしょうか」と話しかけられることもあります。

思わず「今、手が離せないからあとにして」といいたくなるかもしれませんが、そんな態度を露骨にしてしまうと、部下にしてみると「いつもいないのに、じゃあ、いつ報告すればいいいんだ」となってしまいます。

部下から話しかけられたなら、まずは作業の手を止めて、必ず部下と向き合い、視線を合わせて話を聞くというのが上司としての原則です。もしどうしても手が離せないのなら、「〇時なら話を聞けるよ」と次の約束をすればいいのです。これだけのことで上司と部下の信頼関係は強くなっていきます。

実はこれと同じことが家庭でも求められているのです。

たとえば、食事中に奥さんが話しかけてきた時、新聞を読みながら、あるいはテレビに目を向けたまま、奥さんと視線を合わせることなく「うん、うん」と生返事をしたとしたら、奥さんはどんな気持ちになるでしょうか。

子どもだって同じことです。普段は仕事で家にいない父親が家にいるのですから、いろいろ話したいこともあるはずです。そして話を聞くのなら、部下と同じように手を止めて、向き合って、視線を合わせて話を聞くのがコミュニケーションの鉄則です。良好な人間関係に必要なのは「上から目線」でも、「下から目線」でもなく、「相手の目線に合わせる」ことなのです。

仕事だけでも大変なのに、家でもやるなんて「面倒くさい」と思うかもしれませんが、もしあなたが部下や子どもの立場で、上司やお父さんから「面倒くさい」「あとにして」という態度を露骨に見せられたらどんな気持ちになるか想像してみてください。

定年になって家にいるようになってから、急にいいお父さん、いい夫を気取ろうと思ってもそうはいきません。それ以前の態度は「その後」にも影響します。「どこにも居場所のない」人間になりたくないのなら、食事中は妻や子どもの話にしっかりと耳を傾け、旅行中などは一切の仕事から離れて旅を楽しむことに集中することです。

上司や部下への関心がいい仕事を可能にしてくれるように、妻や子どもに対しても関心を持ち、日頃からしっかりとしたコミュニケーションを心がけることがよき家庭を築く基礎・基本なのです。

年長者の役割は若い人を見守り育てること

社員が喜ぶ環境をつくる

キヤノン電子の社長となって心がけていることの一つが、社員が喜んで働いてくれる環境を用意することです。

その一つが社員食堂の充実でした。「社員を大事にする」といいながら、食堂が汚くて、出てくるものがまずければ、社員のやる気は起きません。そのため食堂をきれいにして、食器もプラスチックから陶器に替え、食材にもこだわるようにしています。

そうやって安全でおいしいものを、なるべく安く提供すれば、社員は社食で食事をするのが楽しくなり、健康のことなども気を使うようになるものです。社食は今や弊社の自慢の一つになっています。

社員食堂にはもう一つ、私が大切に思っているものがあります。それは社員が自由に利用できる本棚です。図書室はほかにありますが、わざわざ図書室に行かなくても、食堂に本棚があれば、本を読む人が増えるのではと考えたのです。

実際、食堂に本棚を置いた頃はとてもたくさんの社員が手に取ってくれましたが、近頃は少し利用率も下がっているようです。私は自分で読んで、これは面白いなと思う本は、会社の図書室や食堂の本棚に入れて、みんなに読んでもらうようにしています。

最近では月に1冊も本を読まない人が増えていますが、まずはどんな本でもかまいませんから、手に取ってパラパラと読んでみる機会をつくることが本を読む人を増やすきっかけになると考えて、続けているところです。

失敗したり、間違ったりしながら、考える力を身につける

これは面白いなという本は社員に直接、「面白いから読んでみて」と手渡すこともあります。そんな時、以前は私が「面白い」とか、「役に立つ」と感じたところに付箋をつけて手渡していたのですが、ある時から付箋をつけるのをやめにしました。

理由は付箋をつけると、本を渡された人たちが「付箋をつけたところ」しか読まないからです。本を読んでどこに感銘を受けるかは人それぞれです。たしかに私はその本を読んで、「これはいいな」「ここは役に立つ」と感じましたが、その本を渡された人たちが「社長がここはいいといっているからそうなんだろう」と、その部分だけを読むのは間違っています。

社員一人一人が、それぞれの感じ方をするのが本の読み方ということで、以後は付箋をつけていません。けれども、中には「付箋がないとどこを読んでいいか

分かりません」という社員もいて、困っているところです。

本に限らず、部下の育成で大切なのは、自分で考え、自分で答えを見つける癖をつけさせることです。

それにはやるべき仕事は明示しても、それをどうやって実現すればいいのかという具体的な方法を教えるのではなく、考えさせることが大切です。もしそうした細かいところまで上司が指示をしてしまうと、部下は考えることをやめ、上司の指示通りに動く「指示待ち族」になってしまいます。

たしかに上司にしてみれば、最初から細かく指示をしたほうが間違いも起こりませんし、早く成果を挙げることができます。部下のほうも上司の言う通りに仕事をしていれば失敗する危険性も少ないですし、仮にうまくいかなかったとしても、「上司の言う通りにやったのだから」と責任を上司に転嫁することもできるでしょう。

一方、目指すゴールだけを指示して、やり方を部下に任せた場合、上司としては非常に不安になります。部下のほうも自分でやり方を考えたものの、それが正しいのかどうかが分からず、不安の中で仕事を進めることになります。

当然、うまくいかないこともありますが、時にそうやって間違えたり、やり直したりという試行錯誤を繰り返しながら答えを見出し、成果を挙げるという過程を通して初めて部下は考えることを学び、成長していくことができるのです。

先ほどの読書についても同じです。「この本は役に立つよ」といわれて渡された本に付箋が何カ所も貼ってあれば、渡された人はその部分だけを読んで、分かった気になってしまうでしょう。それでは本を読み、そして自分で考えるという大切なチャンスが失われてしまいます。

上司の役目は上司のいうことを素直に実行するだけでなく、自分の頭で考え、自分の責任で行動できる部下を育てることです。

仕事や読書に限らず、年をとるとどうしても先回りをしたくなるものです。子どもや孫がけがをしないように、失敗をしないようにと案じたり、あるいは若い人たちがやり過ぎないようにと心配するから、ついつい先回りをしてしまいます。過去に自分がやった失敗の教訓なのか、「それは危ないよ」「そのやり方はまずいよ」と先に答えを教えてしまいますが、世の中には自分で経験して初めて学ぶことのできるものもたくさんあるのです。

企業において上司の役目の一つは部下を育てることですが、同様に社会における年長者の役割は若い人を見守り、その成長を助けていくことでもあるのです。そのためには年長者は時に厳しく、時に忍耐強くなければなりません。

捨てていいものと捨ててはいけないものの見極めを

会社のアカスリをする

会社が利益を出すためには何が必要かというと、最初にやるべきは「ムダをなくすこと」です。

一般的に売上高に占めるムダの割合は、利益率20％超の会社で7％程度、利益率1％程度の会社なら20～30％になるといわれています。

驚くことに会社にはこれほどのムダがたまり、その分、利益が食われているということです。

つまり、利益が出なくて苦しんでいる会社も、新規事業に手を出したり、リストラを行わなくても、会社の中にあるムダを徹底的にあぶり出し、そのムダを改善できれば、利益率を伸ばすことができるのです。

私はこれを「会社のアカスリ」と呼んでいます。

私がキヤノン電子の社長になったのは1999年のことですが、その当時の経常利益率は1%と、実質赤字のような状態でした。しかし、そこから徹底したムダどりを行った結果、経常利益率は10%を超えるようになったのです。

これは何もキヤノン電子に限ったことではありません。私はこれまで縁あっていろいろな会社の経営改善のお手伝いを無償でさせていただいたことがありますが、それらの会社でも同様にムダを徹底的に省いていくことでやはり利益率は5年前後で10%程度まで改善されています。

このようにどんな会社にもムダはあり、そのムダをなくすことで利益の出る会社へと変えることができるのです。但し、ここで注意すべきは「何を捨て、何を捨てないか」という選択であり、「何から先に捨てていくか」なのです。

まず、一番必要のないものを見極める

私が敬愛するピーター・ドラッカーによると、「成果を挙げるための秘訣《ひけつ》を一つだけ挙げるならば、それは集中である。集中のための第一の原則は、生産的でなくなった過去のものを捨てることである」となります。

つまり、何から捨てるべきかを正しく判断して、一番いらないものから確実に捨てることで、会社はムダを省いていくことができるのです。会社にはたくさんの古いもの、古い考えがありますが、これらを躊躇なく捨てることがムダとりの第一歩となります。

しかし、その一方で大切なものを捨ててはいけないのも事実です。目先の利益を追うあまりに、次世代の技術開発など会社の将来にとって必要な投資や人を安易に切り捨ててしまうと、将来の展望が開けなくなっていきます。

会社を儲《もう》かる会社、永続的に成長できる会社にするためには、こうしたムダの

見極めもまた大切なことなのです。

会社に「アカスリ」が必要なように、人生にも、特に定年後の人生にも「アカスリ」が必要だと主張する人がいます。定年を迎え、老年へと向かう中で、ある種の「終活」としてさまざまなものを捨てることで幸せな人生を送り、そして終えることができるという考え方です。

しかし、私自身は会社のムダと違って、あえて捨てる必要はないのではないかと考えています。たとえば、会社を離れてしまえば、それまでに築き上げた人脈なども使いものにならなくなりますし、洋服にしても、ほかのものにしてもあえて捨てなくとも、自然と必要のないものになっていきます。

そして、「もうこれは使わないや」とはっきりしたところで捨てればいいのです。断捨離や終活が流行っているからと、必死になって捨てるものを探すのは本末転倒ではないでしょうか。

会社であれば、赤字からの脱却とか、利益を伸ばすといった目標がありますが、人生は「今この時」を懸命に生きることが大切で、無理に「終活」へと向かう必要はありません。

使い物にならなくなった人脈を後生大事に守る必要はありませんが、あえて捨てる必要もないのです。会社のムダとりにはスピードが求められますが、人生のムダとりは流れに任せ、ゆっくりと進めていけばよいのではないでしょうか。

私欲を捨てれば人望が集まる

リーダーは出世を目的に仕事をしてはいけない

定年を迎え、仕事とは何の関係もない人の集まりにもかかわらず、やたらと現役時代の自慢話をしたがる人がいます。聞いてもいないのに、自分はこんな立派な企業にいて、こんな役職についていて、その頃はこんな手柄を立てたという話を滔々《とうとう》とするのです。周りにいる人たちは大人ですから、一応聞く振りはしていますが、こんな自慢話ばかりをする人とは二度と一緒になりたくないというのが本当のところです。

こうした自慢話が好きな人は地域やボランティア活動でも役職を好み、「私が、私が」と前に出たがりますが、裏方的な地味な仕事にはあまり関心を示そうとはしません。「手柄は自分に、地味な仕事は他人に」というのは何ともさもしい限りです。

企業で真のリーダーを目指すのなら、一見逆説的ですが、「私欲」を捨て、出世を目的に仕事をしないことが肝要です。

仕事というのは、どんなものでも、人と人が関わり、人から人へとつながることで成立します。つまり、一人ではどんな仕事もできないわけですが、にもかかわらず世の中には手柄を独占したり、他人の功績すら、さも自分の功績のように吹聴《ふいちょう》したりする人がいます。

たとえば、ヒット商品が生まれると、実際の功労者を差し置いて、「あれは俺がやったんだ」といって平気な顔をする人がいます。他人を蹴落としてでも出世をしたいということでしょうが、こうした「私欲」が前面に出る人は一時的には評価されても、最終的には周りの人たちから嫌われ、恨みを買うことになるのです。

手柄を譲れば、周りが後押ししてくれる

ビジネスパーソンである以上、誰しも出世に無関心ではいられないでしょうが、それも過ぎるとおかしなことになってしまいます。大切なのは優れた仕事をすることで、仕事第一に励んでいれば、その結果として出世がついてくるのではないでしょうか。

たとえば、私のような技術者であれば、自分の開発テーマを成功させることが、技術分野の一大進歩となります。このテーマは会社のためにも、社会の発展にも大きく寄与するのだと信じて取り組むことが大切なのです。

そこにあるのは「これを成功させたら出世できるな」といった私欲ではなく、仕事を楽しみ成功させたいという純粋な気持ちですから、こうした姿勢で取り組む人間に対しては周りも「あいつは損得抜きでがんばっている」と見てくれます。

無私の心で仕事に取り組めば周りも協力を惜しみません。同じように無私の心

で取り組む仲間が集まりますし、たとえリーダーとして厳しいことをいったとしても、そこに私心がないと分かれば、部下や仲間は必ず信頼してついてきてくれます。

そのうえで成果は決して独り占めにせず、仲間や部下に譲ればいいのです。そうすると、周りの人たちも「あの人は成功の目途が立てば、自分たちに手柄を譲ってくれる」とさらにその人を信頼するようになり、その後の仕事でもみんなの協力を得やすくなります。

手柄を独り占めする人と、手柄を譲る人のどちらと人が一緒に仕事をしたいか、答えははっきりしています。

私はキヤノン時代に約600件の特許を書いていますが、そうやって仲間や部下に権利を譲った特許の数はその倍以上あります。しかし、そうすることで部下たちが仕事を覚え、自信をつけてくれれば、さらに仕事がやりやすくなります。「私欲」の強い人から見れば「なんてもったいない」と思うでしょうが、私欲よりもやりたい仕事を優先すれば、はるかにこのほうがいいのです。

たしかに手柄を譲れば、その分、出世は遅くなるかもしれませんが、その後も仲間や部下は協力を惜しみませんから、自分のやりたい仕事を力いっぱいやることができます。また、そうやってチームとして成果を挙げていけば、しっかり見てくれて、評価してくれる人も必ず現れます。

上司から見ても、「私欲」がなく、仕事には全力で取り組む人間は信頼に値します。

手柄はほしい人にくれてやればいい。代わりに周りからの信頼や人望というお金には代えがたいものを得ることができるのです。

夢を持つことに年齢は関係ない

念願の宇宙事業

「若い人は仕事をやる気がない」という人がいます。あるいは、「今の若い人には夢がない」という言い方をする人もいます。

私も長く企業で働いてきて、「そうかな」と思うこともありましたが、あることをきっかけにその責任は経営者や管理職にあるのではないかと考えるようになりました。

キヤノン電子は現在、人工衛星や小型ロケットの開発など宇宙事業を手がけていますが、実は私にとって宇宙事業はキヤノンにいた時からの夢でした。当時からある程度の事業イメージは持っており、キヤノン電子の社長になったことで、

「さあ、これからは宇宙事業ができる」と思ったものの、当時のキヤノン電子にはその力はありませんでした。

利益率も極端に低く、いつ赤字になってもおかしくない状態でしたし、多額の借入金もありました。量産品をつくるキヤノン電子と、大量生産できない単品物を扱う宇宙事業ではもののつくり方も違いますし、宇宙事業に長けた人材もいませんでした。

そこで、まずは利益を出せる体質にして開発費用をためようと一生懸命に経営に取り組んだところ、社員のがんばりもあってしっかりと利益を出せる企業になることができました。

経営が軌道に乗り始めたことで、念願だった宇宙事業に乗り出すことを決めましたが、そのためには人を育てることが必要でした。しかし、私自身、「やりたい」という夢はあっても、必要な知識も経験も持ち合わせていません。そこで、その道の権威の恩師に相談に行ったところ、「君は何歳になったらまともな人間になるのですか？」と30分くらいお説教を頂戴しました。

それほどに民間での宇宙事業は無謀な夢でしたが、「それでもやりたいのです。技術者として最後の挑戦であると同時に、若い技術者に夢を与えて、目標に向かって死に物狂いで挑戦する楽しさを体験してもらいたいのです」と懸命に説明したところ、恩師は事業としての難しさを指摘したうえで、「一緒にやろう」と快諾してくれました。

社外の知人にもプロジェクトの責任者になってくれるように頼んだところ、計画を聞くなり、こういってくれました。

「やりましょう。若い技術者に夢と挑戦する喜びを体験させてあげましょう」

そして知人のところにいた30代の優秀な技術者をスカウトしてくれました。彼は大学で将来を嘱望されている優秀な人材でしたが、大学をやめてまで来てくれるというのです。私が驚いて「やめるなんてもったいないじゃないか」といっても、「いや、やりたいことができそうだから、どうしても行きたい」と決心が揺らぐことはありませんでした。

リスクを恐れず、夢にかけてみる

新しい野心的な夢にはこうしたたくさんの優秀な人たちが賛同してくれます。「失敗する可能性があるよ」といっても、「それでも大丈夫です」と次々と素晴らしいキャリアの持ち主が集まってくれたのです。

安定した将来よりも、夢のもとに集う人たちを見て改めて感じたのは、「燃えるテーマ」を掲げることこそがリーダーの役目ではないかということです。新しいこと、野心的なことには当然リスクも付き物ですが、こうしたテーマや夢を掲げることができれば、能力のある人が次々と集まってくれて、素晴らしい仕事をして、自分たちで成長してくれるのです。

宇宙事業を立ち上げるにあたっては若い研究者だけでなく、大手メーカーを定年退職したシニア技術者にも来てもらっています。

宇宙事業に関わっているのは現在90人ぐらいですが、エンジニアの平均年齢はスタート当初は64歳くらいでした。なぜ熟練者にも多く参加してもらったかというと、日本のメーカーのベテランはやはり基礎がしっかりしているからです。エンジニアは入社から5年ぐらいの若いうちにこれでもかというほど勉強をしないと、あとからやっても追いつきません。その点、ベテランのエンジニアは安心です。

同時にベテランには長年、組織で働いてきた経験があります。若い研究者の中には、優秀だけれども、他人と組むのが苦手だとか、組織に慣れていない人もいます。そこにベテランのエンジニアが入ると、チームをスムーズに回すことができるのです。若い人をリーダーに立てて、ベテランのエンジニアたちが補佐する形にすれば、組織も生き生きとしてきますし、若い人にとってもマネジメントを覚えるよい経験になると思います。

こうした形で「宇宙事業を自分たちの手で」という夢に燃えているだけに、みんなハードワークをこなしています。会社を6時に退社してから大学の研究室に通って実験を行うなど勉強する人が少なくありません。最先端の技術や知見を学ばないと遅れてしまうという危機感もあれば、やはり自分たちで不可能といわれたことを可能にしたいという思いからのハードワークです。

宇宙事業を手がけてみて感じるのは、大きな夢のもとでは若い人もベテランもみんなが夢中になれる、ということです。

夢を追いかけるのに年齢は関係ありません。私自身もこうした大きな夢を掲げたことで若い人やベテランのエンジニアと一緒に夢を追いかけることができています。

人はいくつになっても夢を描けるし、夢を追いかけることができるのです。

〈著者プロフィール〉
酒巻 久（さかまき・ひさし）
1940年、栃木県生まれ。67年キヤノン株式会社に入社。VTRの基礎研究、複写機開発、ワープロ開発、総合企画などを経て、96年、常務取締役生産本部長。99年、キヤノン電子株式会社代表取締役社長に就任し、環境経営の徹底で高収益企業へと成長させる。『キヤノンの仕事術』（祥伝社黄金文庫）、『ドラッカーの教えどおり、経営してきました』『リーダーにとって大切なことは、すべて課長時代に学べる』『見抜く力』（すべて朝日新聞出版）など著書多数。

60歳から会社に残れる人、残ってほしい人

2017年12月20日　第1刷発行

著　者　酒巻 久
発行人　見城 徹
編集人　福島広司

発行所　株式会社 幻冬舎
〒151-0051　東京都渋谷区千駄ヶ谷4-9-7
電話　03(5411)6211(編集)
03(5411)6222(営業)
振替　00120-8-767643
印刷・製本所　中央精版印刷株式会社

検印廃止

ISBN978-4-344-03232-3　C0095
幻冬舎ホームページアドレス　http://www.gentosha.co.jp/

この本に関するご意見・ご感想をメールでお寄せいただく場合は、
comment@gentosha.co.jpまで。